John Asht ist ein gesellschaftskritischer Autor in mittleren Jahren, der früher als Fotojournalist und Filmemacher durch die Welt zog. Nach dem Studium der Ethnologie und Religionswissenschaften widmete er sich einiger Grenzwissenschaften, deren Experimente und Erkenntnisse er nach und nach in historischen Romanen und Mystery-Thrillern wiedergibt. Satiren, Pamphlete, Essays und Glossen sind sein eigentliches Steckenpferd.

Er ist Vater zweier Söhne und lebt in der Fränkischen Schweiz.

S	A	N	T	E	C	H	- Code
47	25	3	10	6	8	19	58

John Asht

ESSAYix

Essays

Bibliografische Information der Deutschen Nationalbibliothek:
Die Deutsche Nationalbibliothek verzeichnet diese Publikation
in der Deutschen Nationalbibliografie; detaillierte bibliografische
Daten sind im Internet über http://dnb.d-nb.de abrufbar.

»Wäre ich ein Blatt, möchte ich bunt sein
und durch die Lüfte fliegen – wie ein Vogel,
mit schlauen Gedanken übers Blattwerden.«

Gott, die Katz und der Vasendozent

Wie revolutionär war Darwins ›Evolutionstheorie‹, damals, in der Mitte des 19. Jahrhunderts: Der Mensch stamme vom Wurm ab, und Gott habe ihn nicht aus Erde gebastelt. Und wie fies haben wir Konfirmanden uns hundert Jahre später über den Pfarrer lustig gemacht, dass auch er vom Affen abstamme, was man am besten erkenne, wenn er auf die Kanzel watschle oder während des Lianenschwungs an der Glocke. Später, im Kollegium, in den Kneipen und Cafés, fachsimpelten wir mega-geistreich vom Triumph der Wissenschaft über die Dogmatik des Glaubens. Großartigkeit umhüllte uns, und wir waren dem kosmischen Abheben sehr nahe, denn bald schon würden wir die Formel für ALLES elaboriert haben.

Heute aber, als 50jähriger, sehe ich das ziemlich gewandelt, ohne auch nur ein My frommer geworden zu sein. Schuld an dieser Sinneswandlung ist allein meine Katze – und das ging so: Sie ist zahm, aber sie jagt noch immer Mäuse … in der ganzen Nachbarschaft, obwohl sie leckere Häppchen vom Feinsten bekommt. Sie frisst die Mäuse aber gar nicht – sie spielt lediglich solange mit ihnen, bis diese den Geist aufgeben, indem sie wahrscheinlich einem Herzinfarkt erliegen.

Während eines dieser tollwütigen Spielchen, diesmal im Künstleratelier meines Nachbarn, donnerte sie ein Regal um und landete unglücklich darunter. Fazit: Das linke Hinterbein war gebrochen. Mäuse- oder Künstlerfluch!

Einige Stunden später betrachtete ich beim Tierarzt das frisch entwickelte Röntgenbild der gesamten Katze und war verblüfft. Ich lief mit dem frisch vergipsten Stubentiger nach Hause und verglich diese Röntgenbilder mit denen einer mumifizierten Katze aus dem antiken Ägypten: 5000 Jahre alt – und siehe: Kein einziges Knöchlein war anders. Die Evolution war stehen geblieben! Schreck lass nach! Darwin, die dumm philosophierten, quer durchsoffenen Nächte und der läutende Pfaffe gingen mir durch den Kopf, gleich einer erleuchtenden Kugel. Die Spezies Katze hatte sich in all den ganzen, verdammten fünf Jahrtausenden überhaupt nicht verändert – Schock & Hilfe!

Entgeistert lief ich zu meinem Nachbarn, dem schon besagten Künstler, der vor zwei Jahren seine Dozentur in Paläontologie endgültig an den Nagel gehängt hatte und nun vorwiegend Vasen töpferte. Ich hielt ihm die beiden Röntgenbilder vor's Gesicht.

»Was nun?«, fragte ich mit bangem Blick.

Er grinste viel wissend, räusperte sich und entgegnete erhaben: »Was glaubst du denn, wieso ich nicht mehr doziere?« Er zeigte mit einer einladenden Handbewegung auf all die Tonvasen, die er im letzten Jahr eigenhändig geschaffen hatte. Lauter Kunstwerke: Dicke, dünne, hohe, kurze, bunte, breite, flache, runde, ovale, elliptische, eckige, quadratische, Hunderte und Abertausende, so weit das Auge und die Regale reichten.

»Siehste«, fuhr er fort, »diese Vasen haben sich weiterentwickelt – Tag für Tag, Woche für Woche, Monat für Monat –, sie haben sich dem Umfeld angepasst, von Unikat zu Unikat, sie haben sich je nach Temperatur, Licht und Nahrung verändert.«

Dann hob er die Hand wie Caesar auf dem Triumphwagen und konkretisierte: »Allerdings, nur in meinem Kopf hat diese Evolution stattgefunden, denn ich bin der Schöpfer dieser Vasen – ich bin deren Gott, denn ich schaffe sie eigenhändig aus Tonerde. Und nachts halten sie sogar Gottesdienste ab, zu meinen Ehren und um meinen Namen zu preisen – denn wenn der Nachtwind so über sie zieht, säuseln sie wie Orgelpfeifen, in den mystischsten Tonlagen.« Sein Blick verfinsterte sich jäh: »Ja, sie tun es wahrhaftig ... wenn deine Katze nicht grad auf Mäusejagd bei mir ist, sodass meine Vasen sogar mit Regalen nach ihr schmeißen müssen.«

Seither glaube ich wieder an Gott! Denn manchmal ist er näher, als man denkt!

Seelen-Perpetuum

Ich blase in den Glutrauch und sehe zwei Engel entstehen. Ich schnipse mit den Fingern, und die Engel fliegen um mich her. Ich pfeife in den Wind, und die Engel öffnen mir den Himmel. Ich breite meine Arme aus, und die Engel ziehn mich hoch. Ich erkenne die Herrlichkeit von Nix, und die Engel lassen mich fallen. Ich schließe meine Augen und höre die Engel lachen. Ich falle tief hinunter, und die Engel fangen mich auf. Ich öffne meine Augen, und die Engel tragen Hörner. Ich erkenne die Hölle, und die Engel schleudern Feuer auf mich. Ich verbrenne in der Glut, und JEMAND bläst in den Glutrauch – meine Seele spaltet sich, und ich spalte mich in zwei Engel. JEMAND schnippst mit den Fingern, und wir zwei Engel erkennen einen Irrenden. JEMAND pfeift in den Wind, und wir öffnen ihm den Himmel. JEMAND breitet seine Arme aus, und wir ziehn ihn hoch. JEMAND erkennt Nix, und wir lassen ihn fallen. JEMAND schließt die Augen, und wir lachen ihn aus. Wir lassen ihn bis ganz hinunter fallen, und JEMAND sieht die Hölle. JEMAND macht große Augen, denn er erkennt unsere Hörner. Wir schleudern Feuer auf JEMAND und verbrennen ihn. Wir blasen in seinen Glutrauch und werden wieder EINER, und aus dem Rauch entstehen zwei Engel – EINER schnippst mit den Fingern, und die Engel fliegen um ihn herum – et cetera ... et cetera ...

(und immer schaut JEMAND aus zwei Engeln zu)

Heiliges farbiges Singsterben

Wenn Blätter sterben, schreien sie bunt auf – so grell, so schön und so laut wie der herzzerreißende Gesang eines Dornenvogels während seines Suizids.

Sein ganzes Leben lang gibt der Dornenvogel keinen Pieps von sich, aber nachdem er sich gepaart hat, presst der Vogelmann seine Brust gegen einen langen Wildrosendorn und durchbohrt sich mühsam. Es ist eine Liebesbeteuerung, so als mache er sich auf den Weg in die nächste Welt, um auch dort ein Nest zu bauen … wieder für sie. Und während er stirbt, singt er schöner als hundert Nachtigallen zusammen, bis zum letzten Ton seines Daseins. Dann ist er hinüber …

So auch die Blätter im Herbst – sie verabschieden sich mit einem prächtigen Farbengesang. Es ist ihr Todeslied und wer weiß, vielleicht sogar ihr Todesschrei. Und dann fallen sie ab, werden vom Wind getanzt und schweben durch die Lüfte, um endlich neue Gefilde zu sehen. Irgendwann bleiben sie liegen und werden vom Schnee bedeckt.

Im Frühling sprießt ein Schneeglöckchen durch's modrige Blatt hindurch. Es läutet die Maiglöckchen herbei, und die läuten dann wieder die Blätter an den Bäumen hervor. Darunter auch die der Wildrose – die mit den langen Dornen, an denen grad ein Vogelmännchen fröhlich das Nest für seine Auserwählte baut.

Oh du großes Mysterium der Selbstverständlichkeit, ich neige mein Haupt vor dir, um zu sehen, auf welch großem Fuße du lebst, dass du so spielerisch umgehen darfst mit heiligem Leben.

Das Urgesetz der Menschheit im Laufe der Evolution

- Fressen oder gefressen werden
- Essen oder gegessen werden
- Schlemmen oder geschlemmt werden
- Genießen oder genossen werden
- Verwöhnen oder verwöhnt werden
- Lieben oder geliebt werden
- Leiden oder gelitten werden
- Scheiden oder geschieden werden
- Richten oder gerichtet werden
- Vernichten oder vernichtet werden

Die neue Religion ist da –
und wie es dazu kam

So kurz vor Silvester zähle ich immer meine Kröten, die nach einem Jahr Plackerei noch so übrig sein müssten – eigentlich. Aber jedes Mal mache ich dann dieselbe Entdeckung, welche entweder sensationell oder nur traurig ist: Es gibt tatsächlich unsichtbare Kröten. Also finde ich mich damit ab, streiche auch diesmal die Silvester-Party und hole mir, wie immer, vom Flaschenpfand eine Fischkonserve.

Wovor ich mich aber fürchte: Eines Tages könnten all diese, über die Jahre verdünnisierten Kröten wieder sichtbar werden, und ich wüsste dann nicht wohin mit dem plötzlich angestauten Reichtum, der eher wie eine biblische Krötenplage über mich hereinbräche.

Übrigens: Mein Kneipenwirt meint, er kenne diese Spezies von unsichtbaren Kröten sehr gut. Er zeichne sie sogar gelegentlich auf Bierdeckel. Und sein Investmentbanker handle sogar mit solch unsichtbaren Kröten und kriege mächtig Provisionen und Boni dafür – die aber in echtem Geld.

Und mein Pfarrer predigt, dass solche unsichtbaren Kröten den Menschen sogar von Gier und Geiz befreien, denn die sichtbaren Kröten seien eher ein Werk des Teufels.

Ja, ich denke, ich werde gläubig: Ich glaube nämlich, dass ich von jetzt an nur mit der Züchtung von ausschließlich solch unsichtbarer Kröten glückselig werde. Und das geht ganz einfach: Man gehe fleißig arbeiten und lasse sich nichts dafür bezahlen. Mein Arbeitgeber verspricht sogar, er würde mich dann ganz arg lieb haben.

Heureka, ich hab's! Es hat zwar lange gedauert, aber nun weiß ich, wie man die wahre Nächstenliebe unter die Menschen bringt: Die Zucht der unsichtbaren Kröten wird uns alle in eine neue, bessere Welt führen. Ich glaube sogar, ich könnte damit eine neue Religion gründen. Der Vatikan tut ja dasselbe: Er hält doch ebenfalls einen unsichtbaren Gott am Leben. Und seine Priester bekommen ebenso kein Gehalt und leben trotzdem sehr gut davon.

Ich seh's schon kommen: Der Glaube an die ›Heilige unsichtbare Kröte‹ wird die neue Religion nach dem letzten Baktum des verschlissenen Mayakalenders. Das also ist die so hoch prophezeite Zeitenwende: kein Polsprung, sondern ein Krötensprung gleich einem geistigen Quantensprung. Heilig & genial! Quakeluja! Die Welt ist gerettet. Quamen!

Fack(t)

Es gibt Tage, an denen möchte man nur noch sterben. Und zur Abwechslung gibt es dann auch Tage, an denen möchte man nur noch tot sein. Grund dafür ist, dass es manchmal verdammt schwer ist, sein Leben zu leben.

Ich finde es überhaupt eine Frechheit sondergleichen, einfach so, ohne gefragt zu werden, in dieses Leben hineingeboren zu werden. Und dass alles nur aus lauter elterlicher Lust am Schnackseln. So sei bewiesen: Sex ist der Anfang allen Übels, denn siehe, jeder Depp darf heute Kinder zeugen oder gebären, indem er sich nach Lust und Laune fröhlich durch die Botanik vögelt. Aber für's Autofahren brauchst erst mal 'nen Führerschein – sonst kannst sogar in den Knast wandern, wo dir dann nur noch das Onanieren übrig bleibt. Fack(t)!

Männerkummer

Der Seelenklempner richtet das Schräubchen im Kopf und den Sprung in der Schüssel – dann hast du wieder alle Tassen im Schrank und kannst erneut unter die Leute gehn, welche da lästern, du hättest eine Meise, und die Pferde seien mit dir durchgegangen. Also führt der nächste Gang unausweichlich zum Tierarzt, welcher auch aus dir dummem Hund und blödem Ochsen wieder einen geilen Stier und tollen Hengst macht.

Venusfalle

Zuerst willst du nur chatten, weil dir die Welt um dich herum zu klein wird. Du willst neue, nette Leute kennen lernen – vor allem solche vom anderen Geschlecht. Du willst horchen, ob es nur dir so beschissen geht, oder ob auch andere sich ebenso schlau in die Nesseln setzen können. Du willst aber auch dem Liebesreiz und allem Romantischen begegnen, was so im Netz umherfleucht. Du bist der Cyber-Jäger auf der Pirsch: der edle Ritter, dessen Saga verschollen blieb, bis jetzt.

Du sitzt in deinem Aldi-Chefsessel, glotzt in den Facebook-Schirm hinein und bedienst die Tastatur, wie der junge Beethoven sein Klavier, bevor er taub wurde. Ein neues Profil geht auf. Heilig ist der Augenblick, denn du weißt, es öffnet sich jetzt der Blick in die Seele eines anderen Wesens. Du erblickst den Namen im Messenger und kommst dir vor, wie Captain Kirk auf der Brücke der Enterprise, wenn er »Auf den Schirm« befiehlt.

Wie von einem anderen Stern erscheint die Botschaft des weiblichen Wesens auf der FB-Pinnwand. Es ist so real, dass du glaubst, sogar ihren Duft wittern zu können. Du atmest ihn ein und siehe, er überträgt sich auf deinen ganzen Körper. Du kriegst 'ne Gänsehaut vor lauter heiligem Schauer. Und in deiner Hose regt sich auch schon was.

Du kannst lesen: »Hallo, habe dein Profil gesehen und finde es sehr interessant.«

Du weißt noch nicht so recht, ob du dies nun als Kompliment verstehen sollst – denn das klingt eher so wie: *Ich weiß jetzt, dass du genauso bescheuert bist wie ich.* Du kennst das, weil du denselben Stuss auch schon ein Dutzend Mal durch den Äther geschickt hast.

Aber diesmal muss es ja nicht unbedingt so sein, redest du dir ein. »Och, das überrascht mich jetzt aber sehr angenehm«, antwortest du scheinheilig und gibst dir höllische Mühe, auch ja keinen Schreibfehler zu machen. Du fährst fort: »Vielen herzlichen Dank! Äähm, wieso aber zeigst du nicht dein Gesicht?«

Es interessiert dich jetzt wirklich, warum SIE da lediglich einen BH mit Klammer an der Wäscheleine als Profilbild führt. Dabei sind dir aber die vielen Kerben auf den beiden Bügeln dieses D-Stückes noch gar nicht aufgefallen. Ein Schelm, wer da an was Böses dächte. Aber du übersiehst diese Kerben einfach und hältst sie für Ornamente.

Von dem Augenblick an bist du verloren – du weißt es nur noch nicht. Du bist durch IHR Raster gefallen. Du bist in IHRE Cyber-Venusfalle getappt und freust dich, wie geil sie jetzt grad zuklappt, denn SIE textet soeben:

»Dir fällt aber auch alles auf, Hübscher. Ich hingegen kann dein Antlitz sehen, und ich finde dein Profilbild sehr markant – kann es denn sein, dass ich dich schon irgendwo im TV gesehn habe?«

Tja, die Deutsche Industrie Norm (DIN) weiß, wieso sie die Höhe der Zimmerdecken auf mindestens 2,45 Meter genormt hat, denn in dem Moment, wo das Überkompliment des Jahrhunderts deine grauen Hirnzellen erreicht, vollzieht dein Körper einen unkontrollierten Sprung aus dem Sitz heraus: schnur-stracks nach oben.

Knapp unter der Zimmerdecke erreichst du den höchsten Punkt, siehst nun mal die Möbel auch von oben, und dein Unterbewusstsein erblickt zum ersten Mal den ungewischten Staub, der sich da in den letzten 30 Jahren angesammelt hat. Dann knallst du zurück in den Aldi-Chefsessel und hast, ohne es zu wissen, drei Thesen binnen einer Sekunde bewiesen:

1. Der Mensch stammt tatsächlich vom Affen ab!
2. Aldi ist IN – weil der Chefsessel die Landung unversehrt überstanden hat und dir die Pneu-Stange nicht im Hintern steckt.
3. Facebook schützt vor Venusfallen nicht!

Was du aber nicht begriffen hast, ist, dass SIE mit ihrer mobilen Venusfalle bereits auf'm Weg zu dir ist.

Der Wille zur allmächtigen Wildsau

Der Wille zur Macht ist ein Urtrieb aller Lebewesen. Daher ist auch ein Mensch unglücklich, wenn er nicht zumindest ab und zu mal Macht über andere Menschen ausüben kann.

Schafft er das aber nicht, legt er sich ersatzweise Tiere an, hält sie in Gefangenschaft und kommandiert sie herum. Oder noch viel schlimmer: Er wird Tierschützer – denn als solcher glaubt er, plötzlich auch Macht über jene nüchternen Menschen zu bekommen, die im Tier lediglich ein schwächeres Glied in der Nahrungskette sehen.

Ich aber sage: Das Schicksal allein bestimmt, wer wann und wo was wird. Damit ist nicht zu hadern.

Wenn, zum Beispiel, der Serienmörder Hannibal Lecter im nächsten Leben als Wildsau wiedergeboren wird, würde ich ihn gerne jagen, erlegen, auf den Grill hauen, saftig gar brutzeln und dann den Hunden zum Fraß vorwerfen, die wiederum in ihrem früheren Menschenleben sicher alle mal ganz gehorsame Vollidioten waren.

Die Story vom Morgen

Es war einmal ein Morgen, der mit lauter guten Vorsätzen in den Tag startete. Dann aber traten auf den Plan: die böse Hexe, der böse Wolf und der böse ›Innere Schweinehund‹. So wurde der gute Morgen aufs Schändlichste verhext, angefressen und verpennt. Und ehe er sich versah, landete er in der Recycling-Anlage, um mit neuen Vorsätzen in einen neueren, besseren Tag zu starten.

Fazit: Der Morgen ist ein regeneratives Material, der seine optimale Qualität immer erst am nächsten Tag erreicht, warum man ja auch alles dahin aufschiebt. Diese Qualität zu nützen, ist aber fast genauso schwierig, wie den eigenen Schatten zu überholen.

Altjungwerdenbleiben

Um so älter und weiser wir werden, desto weniger wollen wir beides – denn intensiver lebt es sich nur jung und ewig auf Entdeckung. Drum tendieren wir irgendwann zurück – werden schlussendlich aber nur kindisch und schwachsinnig. Zum Glück merken wir das aber nicht mehr und halten den absteigenden Weg ins Grab für den Aufstieg in den Olymp.

Lebentod

Und am Ende werden die Gescheiten den Dummen recht geben – dann erkennen sie nämlich, dass alles Denken vergeblich war und nur die Intuition den Weg durchs wohlbestimmte Chaos gefunden hat.

Denn siehe: Alle, die frühzeitig gestorben sind, haben eigentlich mehr von der wahren Existenz abbekommen, welche da heißt ›Lebentod‹ und allein vom Schicksal geleitet wird, selbstbeschleunigt durch Ursache und Wirkung, beginnend mit dem zarten Hauch eines Atems, geprüft werdend im Leben, durchs Ziel gehend im Augenblick des Todes, ins unbeschwerte Dasein danach, bis hin zur Wiedergeburt.

Doofe Klima-Jammerer vor dem Herrn

So schreibt's euch doch endlich mal hinter die Stirn: Ötzi, der natürlich konservierte Steinzeitmensch vom ca. 3 000 Meter hohen Tisenjoch in den Ötztaler Alpen, fiel mit der Schnauze direkt auf die grüne Grasnarbe, als ein Pfeil ihn niederstreckte.

Das war vor etwa 5 250 Jahren. Nach und nach legte sich massig hoher Schnee über ihn; denn es gab wieder mal eine globale Klimaabkühlung. Die wahrscheinlich 99milliardste in der Geschichte dieses Planeten.

Und siehe, heuer korrigiert sich das Klima wieder zurück – zum wahrscheinlich 100milliardsten Male; sodass es im Sommer wieder sichtbares Gras auf den Ötztaler Alpengipfeln gibt. Der ganz normale Zyklus vom rotierenden Klima-Wahnsinn.

So müsste man jetzt nur noch die vielen Autos und Flugzeuge von Ötzi und dessen Mörder (Mörderin) finden, mit welchen die beiden in der Steinzeit die Umwelt derartig verpesteten, dass es damals schon mal so warm wurde wie heute. So warm, dass auf'm hohen Tisenjoch sogar grünes, saftiges Gras spross – in das Ötzi letztendlich hineinbiss, als er beim Sterben solange ums Leben kam, bis er tot war.

Dann erst wäre die hirnrissige Theorie bewiesen, dass die jetzige Klimaerwärmung durch vom Menschen verursachte CO_2-Immissionen hervorgerufen werden würde. Ansonsten leckt mich doch einfach mal am Arsch, ihr hirnamputierten Klimaerwärmer-Jammerer, Panikmacher und Profiteure vor dem Herrn.

Denn die Sonne scheint mal stärker und mal schwächer im Universum – manchmal sogar über immense Zeitperioden hinweg. Das allein generiert die Klimaerwärmung oder -Abkühlung; oder aber kurzfristige, heftige Vulkan- und Kalderaausbrüche. Gegen Letztere sind sämtliche Abgase der Menschentechnik nicht mehr als ein heißer Furz in der Antarktis.

Mutierte Friedenstauben

Dass es keinen Gott gibt, zeigte sich spätestens am 11. Mai 2015, als im Sündenpool New York ein Picasso-Gemälde für groteske 179,3 Millionen Dollar versteigert wurde.

Denn gäbe es ihn tatsächlich, diesen ach so lieben und fürsorglichen Penner, hätte er, gleichzeitig mit dem zusprechenden Hammerschlag Christie's, vernichtende Blitze vom Himmel schleudern müssen. Hat er aber nicht – also gibt es ihn nicht!

179,3 Millionen Dollar für ein 114 cm x 146 cm kleines Stück Leinwand, auf dem lauter Hintern, Busen und Vaginen algerischer Frauen zu sehen sind. Die Dekadenz hat den Himmel durchstoßen und darüber hinaus Gott aufgespießt – quer durch seinen Allerwertesten. Nur das könnte die ausgebliebene Zerstörung New Yorks erklären.

179,3 Millionen Dollar für eine Malerei, die keine drei Tage gedauert hat – inklusive Sauforgie des Künstlers. Das sind 500 966 Monatsgehälter. Damit könnte man halb Afrika ein halbes Jahr lang mit Nahrung und Wasser versorgen, sodass die nicht mehr übers Mittelmeer türmen müssten.

Mir fehlen die Worte. Drum bastle ich stumm weiter an selbstauslösenden Blitzen, die ich via mutierter Friedenstauben über den Wolken von New-Sodom & Gomorrha platzieren lasse.

Mensch, wie ich das hasse!

Das ewig mutierende ROT

Die erste Form des Kommunismus predigte Jesus vor 2000 Jahren, indem er seine Anhänger aufforderte, von den Wohlhabenden zu nehmen und es unter den Armen zu verteilen; keine Reichtümer anzuhäufen und eher dem Beispiel der Lilie auf dem Feld zu folgen, die auch ohne zu arbeiten gut aussähe – weil so schön rot.

Fazit 1: Aus seiner Lehre ist ein religiöser Moloch entstanden, der geradezu durch die Nöte und Sorgen der Menschen reich wurde; denn wer nicht seine Kirchensteuer zahlt, den holt sicherlich der Teufel und schmeißt ihn ins Fegefeuer. Und während heute der gehobene Klerus reichlich in goldenen Palästen speist, verkommt die große Masse der Gläubigen bestenfalls in Überschuldung und Altersarmut, eher aber im geistigen Elend.

Die zweite Form des Kommunismus ging ab 1789 von der französischen Revolution aus und propagierte ›Gleichheit, Brüderlichkeit und Freiheit‹. Binnen drei Phasen enteigneten pfiffige Geschäftemacher die Royalen, Feudalen wie Mächtigen und bereicherten sich selbst an deren Ableben durch die Guillotine.

Fazit 2: Am Ende der Revolution, im Jahre 1799, kürten sich die listigen Strippenzieher zur vermittelnden und ersten direktorialen Macht Frankreichs. Seither spielen sie erfolgreich das Volk gegen das Volk aus, die Könner gegen die Nichtskönner – und vor allem umgekehrt. Dieses Modell griff schnell auf die Nachbarnationen über und nannte sich ab 1848 Scheindemokratie. Die rote Lilie vom Feld war von jetzt an das ›Rote Schild‹ und druckte Geldscheine.

Die dritte Form des Kommunismus startete mit den einschlägigen Theoretikern Karl Marx und Friedrich Engels. Mit dem in der Schweiz speziell dafür geschulten Krimtataren, der sich später Lenin nannte, fanden sie im zurückgebliebenen russischen Volk des frühen 20. Jahrhunderts ein ideales Experimentierfeld. In den letzten Zügen des, ebenfalls von Chaosaren angezettelten Ersten Weltkrieges wurde die Zarenfamilie gelyncht, und das Volk übernahm *angeblich* die Macht. Alle Kapitalisten und Großgrundbesitzer wurden im Zeichen des roten Sternes enteignet. Die Bolschewiki verwalteten seitdem das Land sowie die gesamte Wirtschaft – bis nichts mehr funktionierte.

Fazit 3: Ganze 80 Jahre später erklären die Enkel und Urenkel Lenins, Trotzkis und Stalins den Kommunismus für gescheitert. Die *Auserwählten* teilten sich – am russisch-ukrainisch-kasachischen Volke vorbei – das riesige Land des einstigen Zaren auf und wurden selbst Großaktionäre der immensen Bodenschätze, während 90% der Menschen dort in bittere Armut verfiel und es ihnen heute schlechter geht, als jemals zuvor. Der rote Stern hatte sie definitiv verraten und … in die Falle gelockt.

Und was lehrt uns das? Etwa, dass dieser Planet eine ziemliche Schlagseite hat? Die rote Farbe scheint mehr zu wiegen, als alle anderen zusammen – und sie ist tückisch und verräterisch. Aber sie ist nicht wegwischbar, weil sie ewig in ihrer Form mutiert: von der Lilie zum Schild und dann zum Stern. Und was wird sie demnächst sein, nachdem sie durch den ›Union Jack‹ gefilzt ist, um ›Stars and Stripes‹ zu werden – quasi als Eroberer und Geißel des Weltfriedens, auf Kosten der wahrlich Tüchtigen?!

Ich fürchte, dieses künstliche Rot wird keine Ruhe geben, bis es nicht generell das echte Blut in den Adern aller noch-leben-dürfenden Menschen ersetzt hat. Wer dann aber dennoch reinen Blutes ist, muss wohl an dieser Purheit sterben – weil es Gesetz sein wird, dass nur die Hinterfotzigen zum Weiterexistieren auserkoren seien, in dieser neuen Weltordnung der rotgestreiften Dekadenz im Schild-Stern der einstigen Lilie vom Felde, die andere für sich arbeiten lässt.

Postskriptum:
Eigentlich hatte die allererste kommunistische Idee mit der Abschaffung der Vielgötterei begonnen, bis dann nur noch ein einziger, unsichtbarer JAHWE mittels seiner Adepten-Schöpfer das große Sagen hatte.
    Wie auch immer, dieser verkorkste Krampf namens Kommunismus diente in all seinen Formen lediglich der Enteignung und Demotivierung der Naturdenker. Er ist ein klarer Sozialmissbrauch – eine Zwischenreligion, die man auch TEUFEL nennen könnte.

BIG BANG & SHIT

Am Anfang war nur das leblose Nichts in der düsteren Kälte. Dann aber krachte der göttliche Furz durch die Stille des Chaos' und erfüllte die einsame Leere mit zweisamer Wärme und dreisamem Licht.

Im ehrfürchtigen Gedenken an den ersten Schöpfungstag tragen wir auch heute noch diese Sprösslinge des heiligen Furzes in uns und lassen sie fahren, wann und wo auch immer sie diese wunderbare Welt inspizieren wollen, die einst ihr Ahne, der große Oberfurzer, mit einem Urknall erschaffen hatte.

Egal ob nun von ihm auserwählt oder nicht, sollten wir ihn niemals und nirgendwo verbieten, denn er ist die Befreiung und bringt Wärme in unser Umfeld. Und dem Klerus sei gesagt: Nur furzen sollt ihr, nicht weiterhin die Leute bescheißen!

Sharing – das geil verpackte Armutszeugnis der Nation

Wer viel mit anderen teilen muss, ist schlicht arm – oder auch nur erfolglos und trotzdem geltungsbedürftig. Keinesfalls anspruchslos.

Ebenso ist er nicht cool oder lässig – denn ein Cooler und Lässiger will nie pünktlich und auf Zack das Cabriolet abliefern, das er lieber selber ausgenießen möchte in der lauschigen Nacht mit der duften Freundin auf dem Beifahrersitz.

Weil er sich aber aus Mittellosigkeit selbst nichts zu 100% leisten kann, teilt er die Kosten seiner Statusartikel – aber auch deren Nutzung – mit anderen. Das tut er gewiss nicht, weil er sozial eingestellt ist, sondern weil er eher gemein ist; ein Snob also, der mehr scheinen will, als er tatsächlich ist.

Besonders traurig ist aber, dass man sich heute nicht nur die Golfausrüstung, das Nobelrennrad und das Motorboot teilt, sondern auch schon den Opel Corsa, den stinknormalen Rucksack und das Zwei-Personenzelt samt Schlafsack. Diese neue Art von Armutsbekenntnis findet man geil und nennt sie ›Sharing‹ – denn ›Teilen‹ würde ja eher suggerieren, man müsse was von sich abgeben.

Egal wie pluralistisch sich der eine oder andere Sharer sodann als geiler, fortschrittlicher Mann von Welt verkauft – indem er neben dem Auto auch die Freundin* und das Kondom mit anderen teilt –, ist und bleibt er im

Grunde ein Loser, mit dieser, seiner pseudo-kommunistischen Einstellung für passionierte Blender.

Denn teilen heißt doch, ewig abhängig und verunsichert zu sein. Du weißt nie, ob du das Sharing-Auto pünktlich und heil nutzen kannst – und du weißt nie, mit welchem Tripper du die Sharing-Freundin* wieder zugeteilt bekommst.

Und da sich immer mehr Leute am Sharing beteiligen, dürfte das wohl bedeuten: Das Volk wird von Tag zu Tag ärmer. Anstatt vier Autos, wird nur noch eins verkauft und hergestellt. Keine vier hübsche Freundinnen können sich mehr hübsche Kleider kaufen – nur noch eine.

Fazit: Umso mehr geteilt wird, desto weniger wird produziert. Umso weniger produziert wird, desto weniger Arbeitsplätze und Wohlstand gibt es. Und am Ende teilen wir uns neben Mietwohnung, Gemeinschaftsbett, Sharing-Auto, Frau und Schwiegermutter auch noch den Hund, auf den wir gekommen sind – und vor allem dessen Flöhe, die wir lecker in der gemeinschaftlichen Pfeife rauchen, zur Stärkung des Sharingbundes.

Was ich sagen will:
Früher teilte man lediglich eine Meinung oder Einstellung – alles andere wollte man naturgemäß besitzen, sein Eigen nennen. Heute werden wir kontinuierlich notorisch arm und abhängig gemacht – und wir werden systematisch erzogen, alles irgendwie loszulassen: Die Werte, das Land, die Kultur, ja sogar das ›etc‹.

Cool und lässig aber ist einer, der lieber in seinen eigenen, alten Sandalen auf seinem eigenen, rostigen Fahrrad sitzt – anstatt glänzende Lackschuhe mit anderen zu teilen, im protzigen Sharing-Cabriolet.

* Dies soll kein sexistischer Text sein.
›Freundin‹ steht hier lediglich für ›etwas Begehrtes unterhalten‹ und kann auch mit maskulinem Artikel geführt werden.

So etwa wie ›das Essay‹ auch ›der Essay‹ genannt werden kann – was dieser Text ja im Grunde ist, den ich hier so selbstlos share, nachdem ich ihn zusammen mit mir, meinem Ungeist und Pseudo-Intellekt entworfen wie niedergeschrieben habe. Hätte ich ihn aber hochgeschrieben, wäre ich ebenfalls ein Snob in den Augen der anderen – so aber bleibe ich's wohlan gut versteckt nur in der eigenen Sicht jener Dinge, die sich wohl nie ändern werden.

Die große Abhorche in einem Satz

Wer viel verbockt und daher Schiss hat vor der Welt, muss selbstverständlich immer auf der Hut sein – und genau so, wie sein angepisstes Gewissen unter kein Verzeihen von Terra passt, findet das Parasitengesindel niemals einen festen Platz, auf keinem Kontinent, sondern wurmt sich zerstörerisch von einem fetten Käse zum anderen, quasi als Lochschaffer eines schrägen Ungottes nach eigenem Angesicht, der dahinein fromm seine Horchlinsen legt, um fortwährend, wie durch ein traumatisiertes Anal-Kaleidoskop, genau jene Welt zu betrachten, die er sowieso niemals verstehen kann, eben weil er einfach nur zu dumm gefickt ist für … dieser fiese Lauschwurm in dir, den du jedoch mit einem lauten Furz ertauben könntest, den Erblindeten darüber hinaus auch noch – genau jener, der nur noch das Echo seiner längst verhallten Bilder sieht und sie schlussendlich dennoch missversteht, eben wegen seines selbst durchlöcherten Hirns aus Käse.

Der Obergauner

Wie ergaunert sich der Anlagejongleur Ka&Masch seine Milliarden? Das geht so: Du vertraust dem lackaffigen Broker 100.000 € an und lässt ihn damit Gewinn versprechend in sein Trading investieren. Dafür verlangt er schon gleich mal 5.000 € Kommissionsgebühr, die du sogar ehrenhaft abblätterst – denn der große Spread winkt schon um die Ecke.

Die verbleibenden 95.000 € investiert er mit großem Könnergeschick in ein Anlage verdoppelndes Aktienpaket, welches – oh Gott, oh Gott – dann doch den Bach runtergeht, weil die Gurkenernte in Buxtehude von Nacktschnecken versaut wurde. Wer hätte das gedacht?! Du verlierst also binnen nur zwei Wochen schon ganze 15.000 € plus die 5.000 Euronen umsonst vergeigter Maklerknete. Oh Schreck, ein ungutes Gefühl zieht in dir und deiner Galle hoch.

Doch siehe, die noch intakten 80.000 € rettet Ka&Masch in letzter Minute und genehmigt sich dafür nochmals 5.000 € Sanierungsbonus. Nun wirst du sogar zu Sekt und Forelleneier eingeladen und so umgekrempelt, dass du euphorisch die verbliebenen 75.000 €, gegen nochmals 5.000 € Provision, also 70.000 €, in den besten aller Öl-Aktienfonds investierst – wo sonst nur VIPs reinkommen. Ein garantierter Markup – die Verzehnfachung deines Geldes ist dir gewiss.

Aber im Orient bricht urplötzlich ein dreitägiger Frieden aus, und der Ölpreis fällt ins Billigloch, sodass

Ka&Masch dir gerade noch 20.000 € retten kann, selbstverständlich gegen eine Courtage von weiteren 5.000 Teuronen.

Das ist dann der Zeitpunkt, wo dir endlich die Augen aufgehen und du sogar den Totenkopf unter Ka&Masch's Visage erkennen kannst. Mit den restlichen 15.000 € steigst du zähneknirschend aus, kaufst dir einen guten Anwalt und eine Knarre, mit der du zuerst Ka&Masch erschießt und anschließend den Richter, der dich trotz des guten Anwalts zu lebenslanger Unfreiheit verdonnert.

Ka&Masch jedoch überlebt das Attentat, bleibt aber ein debiler Pflegefall. Und siehe, seine abgefuckte Braut verlangt 50% vom Erlös deines Tütenfaltens im Knast – quasi als Schmerzensgeld. Die restlichen 50% trittst du freiwillig an die Russenmaffia ab, damit sie diese Braut entführt, auf dass sie jeden Tag der ganzen Bande einen blasen darf, bis sie endlich ihren gierigen Hals vollkriegt.

Und du selbst? Du lässt dich im Knast zum Urkunden-Fälscher ausbilden und bastelst dir eine Vollmacht für Ka&Masch's Betreuung. Als sein gefakter Vormund spendest du über Mittelsmänner großzügig seine ergaunerten Milliarden an die ›Natürlichste Partei Deutschlands‹.

Abschließend, im letzten Akt deines verkackeierten Lebens, meditierst du hinter Gittern, wie Jesus wieder auf Erden hernieder kommt und Frieden sein wird zwischen allen Menschen und Menschinnen, die du dann lieben darfst, eine nach der anderen, von da an und nimmerdar bis zum Sankt-Nimmerleins-Tag.

Maskuline Sinnkrise

Viele Männer haben eine Sinnkrise – die tritt ein, sobald es kriselt, im Sinne von Verständnis haben für etwas, was man nicht klar definieren kann.

Zum Beispiel: Warum hat der liebe Herrgott die Frau nicht so geschaffen, dass sie weniger braucht, um zu *kommen*? Oder, warum hat der liebe Herrgott den Mann nicht so gebaut, dass er erst *kommen* kann, nachdem die Frau *gekommen* ist.

Dann aber denkt der Sinnkriselnde weiter: Wo kommen wir denn hin, wenn alle nur noch kommen und keiner mehr geht? Er kriegt Platzangst und wird eingewiesen. Und genau davor hat er Angst. Er dreht durch, kommt sogar in die Gummizelle und begreift nicht, dass er das alles nur befürchtet. Das ist die Sinnkrise!

Brillieren

Könnte es denn sein, dass die Natur uns im Alter mit Sehschwäche straft, nur damit wir nicht mehr lesen sollten, was wir in jüngeren Jahren aufgeschrieben haben? Sollten wir uns also wirklich nichts mehr in Erinnerung bringen, auf dass wir besser verzeihen und Frieden schaffen könnten in unserer Seele? Denn ohne Brille und Nachlesen blieben ja nur die schönsten Erinnerungen im Gedächtnis, und wir gingen in Frieden dahin, anstatt mit Groll. So aber setzen wir uns eine Brille auf und vergrämen uns jeden Tag aufs Neue, selbst wenn wir Schönes lesen und gleich darauf bereuen, wie wenig wir das damals zu schätzen wussten – wir ewigen Frevler und Vergeuder von Tugenden.

Gott-Korrigierer

Mich dünkt, dass alles filigrane Feingefühl und der Sinn nach natürlich Schönem wie kosmischer Gerechtigkeit entschwindet, sobald die Vorhaut beim Manne für immer weg ist und nur noch ein böser Dämon sich breitmacht in jenem, der sich selbst nicht mal ab und zu befriedigen kann, weil er die Natur von sich weggeschnitten und die Lebensfreude verschmissen hat – die größte Sünde überhaupt.

Ohne dieses winzige, aber sehr wichtige Häutchen vergart der Frevler physisch, seelisch und geistig in sich selbst – so werden auch all seine Taten sein, ledig vom Geist des Ausgewogenen und frei von der einzig wahren Lebensfülle, welch da heißt ›Genießen und genießen lassen‹.

Daher: Es gibt keinen Gott, der befiehlt, ihr sollet korrigieren, was er doch selbst vollkommen geschaffen hat – denn wenn ja, würde er es ja selber tun, dieser Allmächtige und Alleskönnende, den es so niemals gab, gibt und überhaupt jemals geben wird, in Ewigkeit. Amen!

Rosafilter & Glasaug

In früheren Diktaturen wurden die Bücher Andersdenkender öffentlich verbrannt. Da karrten die ideologisch angepeitschten Menschen zentnerweise Index-Literatur auf den Marktplatz und warfen sie in den lodernden Scheiterhaufen – quasi zusammen mit deren Autoren. Denn jeder Schriftsteller, der seine Bücher nicht mehr verkaufen konnte, weil verboten, war erledigt – zumindest finanziell und moralisch.

Wie gut, dass es so was heute nicht mehr gibt in unserer heilen Welt! Denkste!?
Da gibt es nämlich, neben der Verlagszensur, noch die Social-Media-Zensur und das geheime Buchhandelsverbot. Der kontrollierte Verlag streicht von sich aus schon die glühendsten Stellen raus – um nicht selber Feuer zu fangen. Kurz nach der Buchpremiere drückt dann sofort jemand den Shitstorm-Knopf: Tausende gedungene Amazon-Rezensenten stürzen sich drüber und schreiben, gleich programmierten Zombies, eine vorgegebene Destruktiv-Kritik – ohne das Buch jemals auch nur angelesen zu haben. Das Ranking stürzt, aus dem Start heraus, direkt nach unten in den tiefsten Keller – niemand mehr will auch nur 'nen halben Groschen für dieses Buch ausgeben. Und zu guter Letzt verweigert der Buchhandel die Aufnahme in die Verkaufsregale. Die somit ›unverkäuflich‹ gewordenen Bücher müssen eingestampft werden – denn Lagerplatz kostet Geld.

Und so kommt es, dass auch heute hochwertige, aufklärende Literatur noch immer ›verbrannt‹ wird – vor allem dann, wenn sich deren Inhalt in irgendeiner Form gegen das totale Verblödungs-System und dessen Doktrin richtet. Aber das muss es ja, weil es sonst keine hochwertige Literatur wäre.

Alles, was sich unter dieser Zensur auf dem Büchermarkt noch behaupten kann, ist belanglose Dahinplätscher-Literatur oder ordinärer Erotikschund.

Herzlich Willkommen im dritten Jahrtausend nach Christus, du holdes Volk der Dichter und Denker – oder was noch so übrig ist davon. Aber wer braucht heuer überhaupt noch wahre Literatur, wenn mit dem Freihandelsabkommen TTIP und CETA jetzt sowieso die Verblödungszutaten in Getränken und Essen erlaubt sind – sodass sie dein Hirn derartig reduzieren werden, dass du nur noch ein fromm malochender und steuer-abdrückender Zombie sein kannst.

Denn: Wissen ist gefährlich und implizit sogar peinlich für das Volk – es löst nämlich das schönfärbende Rosafilter auf, sodass bei manchem das per Funk dirigierte Glasauge sichtbar wird.

Die Story vom Leckmichkraut

Am Arsch der Welt, da wächst das Leckmichkraut. Wenn du es findest und davon leckst, wirst du mit Geld überhäuft und alterst nicht mehr. Aber du vergisst urplötzlich, woher du kommst, und weißt auch nicht mehr, was man mit Geld so alles machen kann – dort, am Arsch der Welt, wo's keine Geschäfte und keine anderen Menschen gibt, außer dir, der du dann nicht mehr alterst und ewig jung bleibst, aber nur Geld hast – und eben dieses Leckmichkraut vom Arsch der Welt.

Halleluja

Der Hengst ist nur solange Hengst, wie er Eier hat. Sind diese wegkastriert, ist er nur noch ein erbärmlicher Wallach. Ist dann auch seine Stute weg, wird er zum blöden Esel. Verschwindet der Esel, ist er ein dummes Schaf. Als dummes Schaf hat er dann aber sicherlich einen Hirten, der ihn zur frischen Quelle führt und zur grünen Aue – damit er dick und fett werde für die Schlachtbank. Halleluja!

Re-inbratation

Eine Betrachtung – der Mensch als frommer Christ: Obwohl Gänse mit ihren weißen Flügeln dem himmlischen Christkind am nächsten sind, werden sie zu Weihnachten gekillt, gerupft und geschmort, wie in der Hölle namens Bratröhre. Und der Mensch, der dem Benehmen nach eher dem Schwein gleicht, singt fromme Lieder dazu und freut sich ausgelassen – ohne darüber nachzudenken, dass dieser Gänsebraten vielleicht seine reinkarnierte Oma sein könnte.

Aber selbst, wenn er's wüsste: Hauptsache, die Olle nimmt zumindest so am Familienfest der Nächstenliebe teil. Andere werden Bandwürmer im nächsten Leben und landen im Klo.

Die Story vom Spiegelei

Immer wenn ich in der Früh Kopfschmerzen habe, frage ich nicht warum, sondern haue, einem Opferritual gleich, ein paar Eier in die Pfanne, streue Wunderkräuter darüber und praktiziere so etwas wie metaphysisches Erkenntnis-Yoga. Dabei gehen mir sonderbare Gedankenstränge durch den Rest meines langsam anspringenden Hirns:

Ein Spiegelei am Morgen schmeckt nicht nur gut, sondern enthält so ziemlich alle Vitamine, die der Mensch für den gelungenen Start in den Tag benötigt – vorausgesetzt, die Henne hat vorher das richtige Zeugs gepickt und ist rundum glücklich.

Auch wenn's nicht stimmt, glaube ich, dass das Wort ›Spiegelei‹ eher daher kommt, weil es dem Menschen wahrhaftig den Spiegel vor Augen hält. Er genießt ein Produkt, das aus dem Arsch einer Henne kommt – und wenn's so frisch in der Pfanne blinzelt, sieht er sich sogar selber darin widerspiegeln – gleich neben dem gelatineartigen weißen Fleck, dem Sperma vom Hahn, der drei Tage vor dem Legedatum die Henne beglückte. Bei dieser orgiastischen Erkenntnis des männlichen Unterbewusstseins hört ein gebildeter, sensitiver Mensch sogar noch das Echo des Orgasmus-Schreies der Henne heraus und fühlt sich wie ein Spanner dabei.

Der Arsch der Henne, diese wunderbare Erfindung der Schöpfungskraft, nennt sich Kloake. Ein ziemlich blödes

Wort für diesen wunderbaren Quell von Frühstückseiern, Ostereiern, Backeiern und Eierköpfen. Das Huhn ist der letzte wahre Nachkomme der Dinosaurier – man sehe es vor allem an den Klauen, dem winzigen Hirn und am Rumpf, wenn die Henne gerupft ist. Diese Raptoren aber waren schon lange vor dem Menschen auf Erden – darum nennen wir ja unseren Menschenarsch vornehm nur After. Und das wohlriechende Rasierwasser, welches wir Männer uns morgens ins Gesicht reiben, nennt sich After-Shave, übersetzt: Arsch-Rasur.

Also wenn uns die Frau ab und zu ins Antlitz schaut und »du Arsch« schimpft, dann möge man(n) sich doch die ganze wissenschaftliche Evolution dieser Äußerung vor Auge halten. Die Frau schleudert diese Fäkal-Metapher eher ungewollt und einfach intuitiv aus dem Bauch heraus, weil sie es auf natürlichem Wege schon erfahren hat, wie das mit den Eiern läuft. Alle 28 Tage legt sie nämlich auch ein Ei. Aber dann freuen wir Männer uns keineswegs so arg, wie über ein frisch gelegtes Hühnerei in der Pfanne, sondern sind eher traurig darüber. Aber gackern tun beide Eierproduzentinnen – die eine aus Freude, die andere, weil's ihr dann überhaupt nicht gut geht.

Und die Statistik hat bewiesen, dass Frauen, wenn sie *ihre Tage* haben, den Männern meistens Spiegeleier zum Frühstück machen. Da schließt sich wieder einmal die Ellipse – alles ist oval: die Umlaufbahn der Erde, unsere rumeiernde Erkenntnis und das göttliche Ei der Henne selbst, das Symbol des ewigen Werdens und Vergehens – das höchste Gut des Osterhasen, dem Lieblingskarnickel der altgermanischen Göttin Ostara.

Ja, so einen Stuss schreibe ich, wenn ich frühmorgendliche Kopfschmerzen habe und meinen Zorn von einem immer wieder heimsuchenden Kater ablenke – über die Henne, bis hin zum Rudimentärsein des Mannes. Und wenn ich's dann nachlese, drängt sich mir die Frage auf, wer und was zum Teufel sind wir Männer denn eigentlich, dass wir uns in früheren Zeiten höher stellten über alle anderen Wesen?

Fazit: Ich resümiere schließlich, dass wir Männer eher neidisch sind auf Henne & Co, weil sie immer frische Eier legen, während wir lebenslang mit zwei Eiern im Sack rumlaufen und heimlich Angst haben, sie könnten schon längst faul sein. Daher dann dieses rachelüsterne Gefühl, am Katermorgen unbedingt Eier in die Pfanne zu hauen – nach dem Motto: Wenn uns eh schon keine frischen Eier vergönnt sind, dann sollen auch ANDERE keine mehr haben.

Männerleid

Wenn ich im Herbst so durchs bunte Laubwerk latsche, stolpere ich über so manchen gebrochenen Blick und welken Männergedanken – und viel verwehter Liebeskummer raschelt überall in den Blättern herum. Dann kommen die großen Laubsauger und pressen alles zu Kompost, auf dass das Gefallene zu Erde werde; quasi für die Gefühlsarchäologen 1 000 Jahre später, die sich dann beim Erdbeschnuppern wundern werden, wie intensiv das Leid der Männer im 21. Jahrhundert war – damals, als die Frauen auf der Welt das große Sagen hatten.

Knigge übern Sex gebrochen

Küssen, dieses leidenschaftliche Knutschen – diese animalische Geste des sich gegenseitig anfangen aufzufressen. Dieses Saugen von Mund zu Mund, wo man jeden Moment damit rechnen muss, sich den Darm des Gegners in den Mund zu saugen. Lecken, beißen, lechzen, stöhnen, aufgeilen.

Ich bin mir sicher, wenn der Homo erectus nicht so gut erzogen worden wäre, vom Neandertaler, würden wir sicherlich zu Kannibalen werden. Dann gäbe es nicht den rettenden Fick, dessen Orgasmus letztlich wieder zu gegenseitigem Desinteresse führt, sodass man gerade noch rechtzeitig von der latenten Beute ablässt.

Eine Handvoll Lösungen

Hier die Lösung zu den fünf größten Problemen der heutigen Menschheit:

1. Energiekrise? Zapft doch einfach die Vulkane an – dann explodieren sie wenigstens nicht, weil deren heißer Druck kontrolliert und kontinuierlich abgelassen wird.
2. Wassermangel auf der Welt? Und das bei einem Planeten, dessen Oberfläche zu 3/4 von Wasser bedeckt ist? Noch nie etwas von Pipelines gehört, die durch Dampfkraft aus fokussierten Sonnenstrahlen betrieben werden?
3. Unfrieden auf der Welt? Schießt doch einfach die falschen Politiker, Lobbyisten und Kriegstreiber auf den Mond.
4. Überpopulation? Verteilt Kondome auf der ganzen Welt und sagt dem Papst, die Schöpfungskraft bevorzuge eh größere Tiere zum Vollkacken des Planeten: Kühe zum Beispiel.
5. Dummheit? Erteilt doch endlich wieder den Aufklärern das Wort und streicht 2/3 des hinterfotzigen und dämlichen Lehrstoffes an den Schulen!

Ursinniges

Der Fetisch der Eitelkeit im hominiden Antlitz: der Kopf, der Schädel, die Rübe, die Birne, das Haupt – ein Kranium mit Löchern für Augen, Nase, Mund und Ohren – und an der Stirn die Wunderfalte, die sich direkt aus dem Hirn herauswindet; als Zeichen der Fragwürdigkeit von Verstand, Geist und Intellekt.

Eine Falte, welche jedoch vom weiblichen Part der Spezies meist künstlich überschminkt wird – ja, sogar verbissen zugespachtelt, als wäre sie unwürdig. Warum will Schönsein die Frage nach dem Sinn des Ursinnes vertuschen? Vielleicht, weil sie intuitiv schon weiß, dass es da nie einen grünen Ast geben wird, der sich in Form eines Fragezeichens direkt aus dem Hirn hervorwindet?!

Amen

Und da senkte sich vom Himmel herab der heilige Geist in Gestalt einer Taube und wusste nicht, dass die bösen Menschen ihresgleichen mittels vergifteten Futters töten wollten – frei nach dem Motto: ›Friss Vogel und stirb!‹ Aber da gab es auch einige unter ihnen, die barmherzig waren mit den ewigen Dachbescheißern, weil sie obdachlos und ihnen daher die Dächer wurscht waren. Diese frommen Leute aus der heiligen Meute wollten eher, dass die Tauben sich vermehren und sprachen: »Fick Vogel, sonst verdirbst!« Wie auch immer, am Ende war eh alles für die Katz, welche als Dachhase verkleidet oben auf den Giebeln wartete, auf das Landen der heiligen Vogelviecher – denn sie war schwarz, kam aus der Hölle und ward vom Teufel geschickt.

Und was will uns diese Passage sagen, liebe Gemeinde? Nix, wie immer? Nö: Dieses Gleichnis will uns die Augen öffnen. Es will uns sagen: Baut keine Häuser mehr und werdet liebevolle Obdachlose! Dann gibt es auch keine Dächer mehr, die von Tauben zugeschissen werden können, sodass der Mensch Sünde auf sich nehmen muss, indem er diese Vögel vergiftet. Und der heilige Geist kann dann ungestört als Taube über unseren verblödeten Köpfen landen und mit Schmackes draufscheißen – gleich einer heiligen Salbung und als Zeichen des Auserwählten. Amen!

Rehblick

Tief drinnen im sehnsüchtigen Blick pulsiert die pralle Lust und das Verlangen nach Befriedigung – gleich einem Luchs, der sich listig an die Kehle des nichts ahnenden Rehs schmeißt. Und siehe, das Reh erlebt im Dahinscheiden den Orgasmus seines Lebens und verliebt sich mit letztem Hauch in den Luchs mit Killer-Blick, dem großen Verführer zum ultimativen Sadomaso.

Wir, das Schicksal ...

können an keinen Gott glauben, den kleinmütige, hinterfotzige Menschen nach ihrem eigenen Angesicht erschaffen haben.

Ich persönlich glaube eigentlich an gar nichts – denn ich strebe nach Wissen.

So weiß ich aber auch, wie wenig ich eigentlich weiß. Aber was ich weiß, ist, dass wir Teile eines gewaltigen Schöpfungspotenzials sind; inklusive aller Pflanzen, Tiere, Bazillen, Bakterien und Viren. Jedoch nur als Avatare eines vollends genießenden Wesens aus der geborgenen ›Inneren Welt‹ im Zentrum des Planeten, dem Heim unserer Seelen.

Wir sind Schöpfer und Geschöpf zugleich!

Und ich weiß, dass alles Fruchtbare aus der Mitte des Planeten nach Außen strebt, von der Sonne belebt wird, irgendwann stirbt und mit seinem versteinerten Körper den Schutzschild um diese ›Innere Welt‹ stärkt – so auch lebensüber mit seinen Exkrementen. Das ist der einzige Sinn des Postenschiebens im irdischen Dasein.

Ja, wir sind nur Fresser und Scheißer – und manchmal bekleiden wir auch wichtige Ämter, vor allem, um uns unbeliebt zu machen und als Wurm wiedergeboren zu werden. Und jene, die sich gar anmaßen, andere anzuklagen oder über sie zu richten, werden als scheiße-zersetzende Bakterien wiedergeboren – gleich mehrmals hintereinander.

Nach jedem Tod transferieren sich unsere Sueltas zuerst heim in unser Schöpfungspotenzial und dann wieder zurück auf die Oberfläche des Planeten, wo wir pragmatisch jene Lebensform annehmen, die wir uns im vorigen Leben verdient haben.

Und so vegetieren wir seit Abermilliarden von Jahren dahin, bestehend aus Gutem und Bösem zugleich, welche heftig kämpfen in uns, um das Herz anzutreiben und auch um unseren Charakter zu formen.

Wir sind Zeugen aller Geschehen seit Anbeginn des Universums! Wozu also sollen wir Hirngespinste anbeten, wenn wir alle doch Teil des einzig Wahren sind?!

So sind wir irgendwie auch Schicksal – und alles geschieht nach dem Prinzip von Ursache und Wirkung. Auch Trauer und Leid.

Alles ist ein scheinbar bescheuerter Ausgleich mit höherem Sinn. Nur Standhaftigkeit, Geduld und Beharrlichkeit sichern dir im nächsten Leben eine adäquate Daseinsform auf Erden. Aber wenn dir einer die Wange schlägt, dann schlage ihm besser gleich den ganzen Kopf ab ... dem Arsch.

Jedoch wird dir keine Sünde jemals vergeben – auf Erden nicht und im Himmel schon gar nicht. Denn Letzteren haben Flugzeuge und Raketen durchlöchert – diesen alten Käs.

Das einzig Wahre existiert in der geschützten ›Inneren Welt‹* der Sueltas, deren Avatare wir hier draußen sind.

Mehr über Sueltas und die ›Innere Welt‹ in meinem dreiteiligen Prosa-Epos ›Maag Mell, die Friedlichen Gefilde‹.

Alles war schon mal da

Es gibt Dinge zwischen Himmel und Erde, die reichen von Alpha bis Omega und zeigen Hinz und Kunz das ganze menschliche Spektrum zwischen Schwarz und Weiß – und vor allem, wie das so funktionierte, im Paradies, zwischen Adam und Eva; über den Brudermord von Abel und Kain, die Story von Noah und der Arche, der Trick Davids gegen Goliath, der Fick von Samson und Delilah und die Vernichtung des Schwulentums von Sodom und Gomorrha. Fazit: Alles war schon mal da.

Himmellebenhölle

Und gäbe es die Verblödung nicht, würden wir wissend sein. Wer aber will schon gerne wissen, dass er ein ganzes Leben lang nur belogen und betrogen wurde. Und wer will schon wissen, dass es keinen Himmel und keine Hölle gibt, und er umsonst all die vielen Jahre fromm und artig war – oder es zumindest versucht hat. Wer will schon wissen, dass dieses Leben das eigentliche Fegefeuer war und wir allesamt durchgefallen sind.

Am Ende aber kommt das erlösende Erwachen. Und wir werden schmunzeln über diesen verkrampften Traum namens ›Leben‹ – denn als genießendes Element durchs ganze Universum zu ziehen und Eindrücke zu sammeln, bleibt weiterhin unsere Bestimmung.

Wort zum Sonntag

Im Thomas-Evangelium (Apokryphen) sagt Jesus: »Warum denn sollten wir uns die Vorhäute beschneiden? Denn hätte der Schöpfer das so gewollt, hätte er uns gleich im Mutterleib schon so geschaffen!«

Ich füge hinzu: Der Akt der Selbstbefriedigung ist auch ein Abbau von Aggression – das aber setzt beim Manne das Vorhandensein einer Vorhaut voraus. Befriedigte Männer sind umgänglicher und friedfertiger. Also lasse man alle Jungs so, wie sie von der Natur geschaffen wurden, denn die weiß es besser, als alle selbst ernannten Propheten und Heilige zusammen.

Auch beweisen alle Statistiken, dass es die wenigsten Vergewaltigungen bei den Nichtbeschnittenen gibt. Und die Kirche hat vollkommen unrecht, wenn sie behauptet, dass Selbstbefriedigung eine Sünde sei. Im Gegenteil: Selbstbefriedigung ist Einklang mit sich und dem Universum.

Man befrage nur mal die Bräute Christi (Nonnen) und deren enge Beziehung zum heiligen Licht mittels zylindrischer Kerzen – oder die Mönche, warum Glockenläuten so glücklich macht.

Die Relativitätsverblödung

Ich kann diesen 1930er Schwachsinn nimmer hören: Dass, wenn einer mit doppelter Lichtgeschwindigkeit ums Universum reise und wieder auf die Erde zurückkäme, er dann nur um Y Jahre gealtert sei, aber die Leute auf der Erde um Y + X Jahre mehr.

Das ist ein längst überholter Blödsinn, widerlegt wie auch die meisten ähnlichen Komik-Thesen! Denn alle altern gleich schnell – der Warp-Fliegende kann lediglich posthum nochmals als Beobachter erblicken, wie sich sein eigenes Trugbild verspätet der Erde nähert und eins wird mit sich selbst – weil nur das optische Bild verjüngt ankommt. Nicht aber der Reisende selbst.

Die Atome und Moleküle unseres Körpers haben eine eigene, licht- und bewegungsunabhängige Uhr. Wir altern gleichwertig mit jeder Sekunde, egal wo und wie wir uns bei welcher Geschwindigkeit in was auch immer bewegen.

Stopp

Bevor die Araber im 6. Jahrhundert den Islam erfunden haben, waren sie noch ein sehr fortschrittliches Volk und sogar führend in den Wissenschaften der damaligen Welt. Ab Mohammed und der Scharia begann jedoch dieselbe religiöse Doktrin wie auch im Christentum während der Inquisition: Die Wissenschaftler wurden zu Tode gesteinigt oder auf dem Scheiterhaufen verbrannt. Große Erfindungen gingen verloren. Die Menschen wurden geistig geknechtet, und es ging ihnen von Jahrzehnt zu Jahrzehnt schlechter.

Sobald aber die großen Reformatoren das Abendland von der Verblödung der katholischen Kirche erlösten, entstand wieder Fortschritt, Freiheit und Wohlstand.

Die Muslime jedoch hatten keine solche Reformatoren und sind daher retrograde Länder geblieben, die null Technologien selber erfinden können und sodann alles Wissen teuer importieren müssen.

Warum also sollten wir frei denkenden Abendländer der Scharia und den fanatischen Islamisten hier die Pforten öffnen, anstatt ihnen mit aller Macht entgegenzutreten? Lassen wir sie rein, droht uns bald dieselbe Misere wie im Orient.

Fazit: Wer die Mentalitäten und Sitten des freien Abendlandes nicht annehmen und stattdessen hier einen islamischen Gottesstaat errichten will, hat hier definitiv nichts verloren. Stopp – bis hierher und nicht weiter!

Sandfrauchen

Sie ist der Südwind und spürt im Nabel den Flügelschlag des weißen Schmetterlings. Wie aus dem Nichts taucht sie auf und weht geheimnisvoll durchs frostige Land. Sanft fährt sie mit ihren Händen über die Brüste und erweckt die Knospen des noch schlummernden Frühlings – und siehe, er sprießt aus ihren Adern, weil er tief im Herzen wurzelt. Ein Lächeln geht über ihre Lippen, und sie dreht sich nackt im Kreise – lasziv versucht sie, die eigenen Haare im Wirbeldreh zu erhaschen. Sie zwinkert mir zu, lacht auf, streckt die Arme weit von sich und richtet ihren Körper posenartig unterm Himmel auf.

So verharrt sie ein Weile, bis die Kastagnetten aus dem Baumwipfel erklingen. Sie schmunzelt lüstern – Leidenschaft dringt aus ihren Poren. Sinnlich fahren ihre Hände über die Hüften, streicheln sanft über'n Venushügel und berühren mit einem Finger den Punkt, um den sich alles dreht. Ein lüsterner Blitz geht durch den aufgereizten Körper, ein frivoler Gedanke zischt kometenhaft durch ihren Blick. Ein Gedanke wie Wasserfeuer, ein Hauch von Morgentau geht um sie herum, und sie tanzt und tanzt zum warmen Sommer hin: durch den Schnee, durch das Eis, bis tief in die Glut des geborstenen Steines hinein.

Die Magierin wiegt und biegt sich wie ein unerfüllter Trieb, Sternenstaub weht um sie herum. Galaktisches Licht aus Funken fällt – es dampft und zischt und weg ist sie. Es bleibt nur noch der Sommerwind, der heimlich um den Winter zieht und leise flüstert: Ich bin's gewesen, ich werd es wieder sein – ich bin das Himmelswesen, ich allein, die Mädchenfrau aus windigem Sonnenschein! Ich bin die Magierin aus deinen Sinnen, ich bin dein Sandfrauchen – das mit den niedlichen Hörnlein –, welches dir bunte Träume über'n Schlaf streut.

Der Ur-Wurm in uns

Die Brutstelle aller Würmer hatte zuerst nur eine dünne Schale um sich herum. Ein Sonnenfunke ließ sie als kleine, lahme Blitze entstehen – und der Zufall stand Pate. Diese Brut schwebte dann als photon-biologisches Raumschiff planlos um Mutter Sonne herum und hätte jeden Augenblick von irgendwas getroffen werden können. Angst um sich selbst kam in dieser lichternen Ur-Spezies auf – das Selbsterhaltungsgefühl ward geboren.

Sie rieben sich aneinander und zähmten sich gegenseitig. Das Zucken wandelte in sanftes Schlängeln. Eine Schuppenhaut entstand um sie herum – und aus den abgefallenen Schuppen spross weiteres Leben, sobald Sonnenphotonen draufknallten. Und siehe, sie konnten diesen neuen Wesen Formen durch Gedanken verleihen.

So schufen sie, im Laufe der Zeit, ein ganzes Spektrum von sonnenaufgetankten Lebewesen um sich herum. Sie nisteten sich in diese Wesen ein und ließen ihnen Wurzeln, Beine, Arme und Flügel wachsen, damit sie sich optimaler zur Nahrung hin bewegten. Und sie befahlen: Fressen! Fressen! Fressen! Alles auffressen, was aus Sonnenstrahlen wuchs.

Als aber diese Lebewesen irgendwann streikten, sich gegenseitig aufzufressen, gaben ihnen die darmgewordenen Würmer zwei Empfindungen: Hunger und Liebe. So entstanden die ersten beiden süchtig machenden Laster:

Sattheit und Befriedigung. Ab da hatte das Dasein der Wesen endlich ein lebenswertes Ziel: Eine Familie zu gründen und für deren Wohlergehen andere Lebewesen zu töten.

Die oberste Devise lautete: Fressen oder gefressen werden. Aufessen, was die Sonnenenergie gedeihen ließ, auf dass die darmgewordenen Ur-Würmer diese gesandte Energie umwandeln und zu Erde werdendem Material exkrementieren könnten, damit neues Leben daraus wachse – und vor allem, damit das Schutzschild um die Innere Welt dicker und fester werde.

Aus dem einstigen, winzigen Nest der lichternen Ur-Würmer, und vor allem aus dessen einst so dünner Schale, entstand im Laufe der Jahrmilliarden ein riesiger Planet mit einer überwältigenden Vielfalt von Lebewesen. Das Fressen entfachte nun auch den Gourmet im Darm: einen Gott aus Sehnsüchten und Vorstellungen. Und der variierte, per Gedankengebung, immer einfallsreicher die Fauna und Flora auf seinem ›Planeten‹. Je nachdem, welche Arten die Därme verdauten und ausschieden, bildeten sich die verschiedensten Mineralien, Metalle und sonstigen Materien.

Und siehe, es war gut so, denn nun war die Brutstelle allen Lebens sicher geschützt durch einem mächtigen Erdmantel. Und es lässt sich auch heute noch hervorragend leben, in diesem Himmel inmitten des Planeten – dort, wohin alle lichternen Darmseelen immer wieder zurückkehren, nach vollbrachter Schicht an Tage.

Nebulöses Fabulieren

Frage: Und wann kommt nun endlich dieser große Tag, an dem der Löwe all seine Parasiten im Fell los ist?

Antwort: Erst wenn der Löwe baden geht und solange im Wasser bleibt, bis alle Parasiten ertrunken sind.

Dilemma: Der Löwe ist aber leider wasserscheu und geht niemals baden.

Lösung: Eine Sintflut!

Frage: Und dann?

Hypothese: Alle Parasiten, mit denen der Löwe baden geht, werden ertrinken – leider auch der Löwe.

Antithese: … bis auf jene Parasiten, die sich einen Pottwal als neuen Wirt gesucht haben.

Frage: Aber dann gibt's doch keinen Löwen mehr.

Synthese: Irgendwann wird der Pottwal ein Seelöwe – wenn's nach Darwin geht – und dann später auch ein Löwe, so richtig, mit Parasiten im Fell.

Frage: Aha?!

Pause

Ein Hauch von Frieden schwebt mit in jedem Morgengrau – und auf die Tagesreise geht mit dir ein heiliger Schein aus wohligem Vertrauen. So lass dich treiben von lieblichen Gedanken, und du wirst ernten Gleiches in einem holden Licht aus trauter Erkenntnis, welches immer bei dir ist.

Sex (6) Kontemplationen zum SEXISMUS

1. Zum Begehren gehört irgendwie auch die sexistische Anmache, wie das Halleluja vor dem Amen. Folgt aber auf die Anmache keine Befriedigung – egal in welcher Form –, ändert das anfänglich geschmeichelte Engelchen blitzartig die Konfession und macht dem Kerl die Hölle heiß.

2. Frau will sich nicht mehr ›sexistisch hinterhergelaufen‹ wissen? Tipp: Lasse sie sich doch einfach gehen! So tun wir Männer es doch auch, wenn wir nervige Schreckschrauben abwimmeln wollen: Wir rülpsen, furzen und geben sexistisches Zeugs von uns.

3. Am unglücklichsten wären doch die Frauen selber, wenn's keinen Sexismus mehr gäbe – weil sie sich dann vorkämen, als würden sie als Frau gar nicht mehr wahrgenommen.
Der ökonomische Vorteil wäre: Sie bräuchten sich auch nicht mehr so körperbetont kleiden, aufstylen und attraktiv schminken. Man bedenke nur, wie viele Labortiere dann nicht mehr für die Kosmetikforschung qualvoll getötet werden müssten.
Ein wahrer Segen, dieser Anti-Sexismus. Am besten, wir Männer werden alle schwul – damit die Ladies endlich ruhig schlafen können auf diesem Planeten.

4. Das größte Problem des ›Sexismus‹ wäre, wenn die Geschlechter sich untereinander gar nicht mehr anmachen würden, sondern fromm wie ein Besen neben dem anderen Besen in der Besenkammer abhängen und anstatt geil übers Vögeln zu schnacken, trockensachlich über die Vogelgrippe in der Ornithologie referieren.

5. Wenn ich fies wäre, würde ich sagen: Aha, Ladies wollen keinen Sexismus mehr? Ganz einfach: Lauft doch ab jetzt so rum, wie euch Mutter Natur geschaffen hat – und schon werden 90 % von euch nicht mehr sexistisch angebaggert.

6. Stell dir vor, eine Frau kleidet sich einen ganzen Nachmittag sexy ein und brezelt sich drei Stunden lang auf, bevor sie Samstagabend ausgeht. Dann aber nimmt sie kein Mann wahr, eben weil er nicht als Sexist auffallen möchte.
Ich sag's dir: Diese Frau wird zur Mörderin, wenn du ihr zufällig 'ne geladene Knarre in die Hand drücken solltest – nur, weil kein einziger sexistischer Ton an ihr Ohr gedrungen ist. (Vorausgesetzt, sie ist eine richtige Frau)

Ein Hoch auf den alten Spruch: »Wenn es die Männer nicht gäbe, würden lauter dicke und glückliche Frauen auf der Welt herumlaufen.«

Abschließend: Sexismus ist vor allem, wenn ein Mann eine Frau mit eindeutigen Worten heiß macht und sie dann trotzdem unbefriedigt anbrennen lässt.

Aber gar nicht sexistisch ist, wenn diese Frau dann versucht, die Nüsse desgleichen Mannes auf seinem knackigem Arsch aufzuschlagen, weil der sie zuvor ›geiles, rattenscharfes Eichhörnchen‹ genannt hat.

Größenwahnwitz

Eins habe ich gelernt in diesem Erdenleben: Mit ehrlicher Arbeit komme ich nicht weit. Also gedenke ich, vorübergehend auf unehrliche Tätigkeiten umzuschulen: Ich werde Spekulant, Börsianer oder Mafiosi. Und wenn ich dann genug Zaster zusammengerafft habe, kaufe ich mir den Vatikan, werde Papst und kröne mich selber zum Kaiser. Dann verbiete ich das Geld, den Glauben, die Banken und die Börse. Alles gehört dann jedem und keiner muss nichts. Und auf dem Höhepunkt dieser Fete lasse ich sämtliche Atombomben der Welt in den Himmel steigen. Quasi zum ›Grüß Gott sagen‹ da droben, in den heiligen Himmelswogen.

Ein Gleichnis

Stell dir vor, du musst nicht mehr beten, weil Gott urplötzlich nun doch noch allmächtig geworden ist und daher generell weiß, wo dich der Schuh drückt.

Aber stell dir auch vor, ihm wäre das eigentlich so was von scheißegal, wo und ob dich überhaupt ein Schuh drückt. Aber du hast Glück, weil wir uns gerade in einer neuen Wahlepoche befinden – also muss er was tun, wenn er wiedergewählt werden will.

So stell dir einmal mehr vor, Gott erbarmt sich deiner und befreit dich vom Schmerz, indem er dich belehrt: »Dich drückt also der Schuh? Dann zieh ihn doch aus, diesen Schuh, du Depp, und schmeiß ihn weg! Habe ich dich etwa mit Schuhen geschaffen?«

Stell dir das doch einfach nur mal so vor.

Noch ein Gleichnis

Der Papst geht – Johnny Walker kommt! Und er bringt mit sich die Apostel: Jim Beam, Jack Daniels und Glen Grant.

So nehmet hin und trinket …

Und noch ein weiteres Gleichnis

Ich frage mich ja nur mal so: Wenn ein Gott allmächtig ist, wozu braucht er dann überhaupt noch einen Papst als Stellvertreter für seinen Sohn, den er eh elendig am Kreuz hat verrecken lassen? Was kann ein Papst denn mehr oder besser verrichten als ein allmächtiger Gott?

Ist denn nicht schon die Ausübung des Papstamtes eine Blasphemie in sich selbst? Oder braucht es vielmehr einen Papst, nur um das massenverblödende Hirngespinst von einem allmächtigen Gott aufrechtzuerhalten?

Wie auch immer, mich dünkt, es gäbe mehr Frieden auf Erden, wenn keiner mehr an irgendetwas glaubt, außer an das, was er selber sieht, fühlt, hört und schmeckt.

Daher tue sich die Menschheit endlich einen Gefallen: Keine Päpste mehr, keine Priester, keine Imame, keine Rabbis, keine Gurus, keine Scharlatane mehr, die da behaupten, sie seien diesem ›Gott‹ ein My näher, als die anderen.

Und ihr werdet sehen: JEDER IST SICH SELBST DER BESTE SEELENHEILER – weil die Natur es von Anfang an schon so eingerichtet hat. Und diese Natur stammt nicht von einem ›Gott‹ ab, der andauernd mickerige Menschen zu seiner Vertretung braucht, sondern von dem einzig wahren Schöpfungspotenzial, das frei von Wort und Predigt, die größte und purste Erkenntnis in unserem Gewissen gedeihen lassen kann – sobald man sich dieser Gabe nicht mehr versperrt.

5 Gedanken zum Muttertag

1. Am Muttertag sollte jede Mutter viel Spaß und Freude haben – besonders die Schwiegermutter sollte außergewöhnlich gut unterhalten werden. Drum werde ich mir heute zufällig beim Rasieren die Kehle durschneiden, später beim gemeinsamen Frühstück das heiße Teewasser übern Schoss verschütten und schließlich beim Grillen mit dem Arsch in die glühende Kohle fallen, bevor ich dann tief in den Gulli stürze und erst gegen Mitternacht in der Kläranlage wiedergefunden werde.

2. Liebe Mütter! Schön, dass ihr euere Eier befruchten lassen habt (und viel Spaß dabei hattet) – aber musste es denn unbedingt ein irdischer Mann sein? Konntet ihr denn nicht warten, bis Jesus wieder *kommt*?

3. Die Mutter und die Schraube – eine intakte Ehe. Gerade darum frage ich mich, wieso wir beim Vögeln nageln, anstatt zu schrauben?!

4. Jede Mutter ist einzigartig – und die Rabenmutter sogar abartig.

5. Eine Mutter, die ihr Kind unterm Herzen austrägt, bringt einen Poeten zur Welt. Eine andere, die ihren Balg zwischen die Gedärme quetscht, kriegt einen Literaturkritiker.

Mit Gott in der Klapse

Habe grad beschlossen, in die Wüste zu gehen und planlos durch die Dünen zu wandern, bis mir eine Halluzination erscheint und offenbart, dass ich ihr Auserwählter sei.

Dann kehre ich zurück in die Zivilisation und erzähle es allen. Auch werde ich mich nicht wehren, wenn sie mich in die Zwangsjacke schlagen und ins Hupferla stecken. Denn dort werde ich zur Rechten meines Vaters sitzen, in dessen Namen zu viele Kriege geführt wurden, und der nun in Sicherheitsverwahrung vor sich hin vegetiert – bis zu dem Zeitpunkt, wo es ihm zu blöd wird und er eine neue Welt erschafft: eine Welt mit besseren Menschen, die wissen, dass man einen Gott und dessen Sohn nicht in die Klapse stecken darf – einfach so, ohne Wein, Weib und Gesang.

Nix-Story

Mister-Y, der Mann, den sie immer wieder wegen politischer Vergehen einsperren, hat drei Laster – besonders dann, wenn er wieder auf freiem Fuß ist. Und jedes Mal, wenn er ein Jahr in Freiheit verbracht hat und es ihm zu langweilig wird, plant er seinen nächsten Streich. Aber genau einen Abend, bevor er dann wieder so etwas wie im Bundestag Knallfrösche während Westerwelles Rede platzen lässt, macht er Inventur: Er misst auf sehr eigene Art den angerichteten gesundheitlichen Schaden.

Zuerst zählt Mister-Y die leeren Tabakdosen, die er dieses Jahr in seinen 66 Pfeifen verpufft hat. Es sind metallene Scharnierschatullen der Marke ›Indian Summer‹, und sie fassen 200 g groben Shag. Einige Schatullen davon benützt er jetzt als Kondomspender oder sammelt ausländische Münzen darin. In manchen hortet er auch die Briefe des Gerichtsvollziehers, von denen er dann aber behauptet, er wisse nix von deren Inhalt. Wie denn auch, wenn er sie schon aus Prinzip nicht öffnet. Ja, ja, Mister-Y lügt niemals – er ist sozusagen ein aufrichtiger Mitmensch unserer Gesellschaft – und er ist allein schon deswegen *in*, weil er in regem Austausch mit diversen Kommissaren, Richtern und Staatsanwälten steht.

Es sind genau 60 Schatullen. Er beginnt mit Tafel und Griffel zu rechnen und weiß jetzt, dass er 5 Schatullen pro Monat verqualmt hat. Das sind 1 000 g, also ein ganzer Kilo Tabak. Er rechnet hoch und kommt auf 12 Kilo, die er binnen eines Jahres in die Lungen gezogen hat. Das ist sehr viel Teer, das jetzt seine Atemorgane von innen bekleistert. Er will sich das gar nicht vor Augen führen, denn das sind genau 100% mehr, als ihm sein Arzt gestattet hat. Also malt Mister-Y jetzt einen schwarzen Kreis mit einem dicken Minus an die Wand. Das gefällt ihm gar nicht. Und weil er weiß, dass man den Gram nicht an die Seele heranlassen sollte, ersäuft er ihn im Vorfeld schon mit einem kräftigen Schluck Whisky.

Und damit ist Mister-Y schon bei seinem zweiten Laster angelangt. Noch während er die 60 leeren Tabak-Schatullen im Kreis aufstellt, äugt er in die Ecke hinüber, wo die leeren Flaschen der Marke ›Scotch Whisky Chivas Regal‹ stehn. Eigentlich stehn sie nicht, sondern bilden einen wild dahin gestapelten Berg, den er mit Schuhkartons zugemauert hat, die er ebenfalls dieses Jahr gekauft hat. Aber in diesen Kartons befinden sich jetzt die alten, abgetragenen Schuhe vom Jahr zuvor. Er schmeißt sie nicht weg, denn man kann ja nie wissen, wie viel der Euro morgen noch wert ist. Und vielleicht kaufen ihm ja die Araber diese abgefuckten Schuhe ab, um ihren Präsidenten die hässliche Sohle zu zeigen.

Mister-Y holt eine leere Flasche nach der anderen aus dem Haufen und stellt sie in sieben Reihen ebenfalls im Kreise um die Tabak-Schatullen herum. Das sieht schon kriminell aus. Instinktiv fährt seine Hand zur Leber. Der Schock verlangt nach einem weiteren kräftigen Schluck Whisky. Den tut er sich an und beginnt zu zählen. Er kommt auf 366 leere Chivas-Flaschen. Er will's nicht glauben und zählt noch zweimal nach – es bleibt bei 366. Seine Falten furchen sich tief auf der schweißgeperlten Stirn. Eine Flasche pro Tag also. Und dann bliebe noch eine übrig. Er erinnert sich wieder: Das war an jenem Tag, wo er sich in Facebook angemeldet hatte und die ersten Heiratsanträge von schwulen Brüdern bekam. Ja, an jenem Tag hatte er ganze zwei Flaschen Chivas gebraucht.

Mister-Y rechnet hoch:
366 Flaschen à 750 ml = 274 500 ml = 274,5 Liter teuflisches Gesöff, das seine Kehle im letzten Jahr runtergeflossen ist. Das ist 'ne randvolle Badewanne. Ihm wird übel – und weil man den Teufel nur mit dem Teufel bekämpfen kann, kippt er noch ein Glas runter. Dann malt er einen weiteren knackschwarzen Kreis an die Wand, mit einem Minus und einem dicken Ausrufezeichen dahinter.

Mister-Y kann diese Giftlandschaft von Tabakdosen und Whiskyflaschen nicht mehr ertragen. Er wendet sich angewidert ab und beginnt, eine Leine quer durchs Zimmer zu spannen. Es folgt jetzt die Inventur seines dritten, liebsten Lasters. Er wird nun die Trophäen der Damen aufhängen, die er für je eine Nacht beglücken durfte, und denen er ein Goldkettchen mit drei 1.000-Euro-Diamanten für's Dalassen ihres BHs gezahlt hat. Also macht er sich an die klobige hölzerne Truhe ran. Knarrend klappt er den armierten Deckel hoch. Zum ersten Mal seit einem ganzen Jahr lacht sein Herzchen wieder. Und dann hängt er die unzähligen BHs kreuz und quer durch die ganze

Wohnung auf, wie Girlanden zu Silvester. Dabei dreht er die Boxen auf, berieselt sich mit Hawaii-Tönen und schwingt seinen Hintern im Rhythmus von Hula-Hula. Und das ganze filmt er, setzt den Streifen auf YouTube und verschickt den Link an all seine Feinde.

(Leute, es gibt nix Schlimmeres, als damit anzufangen, planlos irgendeine Story zu schreiben, und dann zu sehen, dass sie in einer Sackgasse verreckt – das habt ihr nun davon – und ich auch. Sorry, aber das wird NIX – also eine ›Nix-Story‹.)

Selbstverbrenner

Zensuren und Bücherverbrennungen hat es schon immer gegeben – doch nie so raffiniert wie heutzutage, wo sich der ganze Buchhandel in der Hand einer einzigen ›Sekte‹ befindet, die es mittels gezielter Destruktivkritik und eigennütziger Selektion listig schafft, dass der Autor am Ende seine Bücher selber verbrennt.

Marx & Murks

Wer nur nimmt und nichts gibt, ist ein Nehmer. Wer nur gibt und nichts nimmt, ist ein Geber. Optimal aber wäre der Gebnehmer oder der Nehmgeber. Ersterer gibt dem Nehmer, was er vom Geber genommen hat.

Somit hätte Karl Marx zwei essentielle Parameter in seinem Manifest gehabt: Gebnahme und Nahmgabe – sowie die ausgleichende Relation zwischen den beiden. Und die Geschichte des Kommunismus wäre ganz anders verlaufen. Dann wäre der Marxismus nicht durch Vermurksung gescheitert, sondern hätte sich durch Vereinnahmung verausgabt.

Raubatisieren

Zu Urzeiten konnte der Mensch nur in großen Gruppen bestehen – und alles gehörte zu gleichen Teilen allen.

Mit dem Einzug des Wohlstandes aber begann die Privatisierung: Einzelne Personen nahmen der Gemeinschaft Landstücke und Vieh weg und nutzen es seither nur noch für sich allein.

Nun, das ist mit dem Wort ›privat‹ sogar sehr stimmig – denn es kommt aus dem Lateinischen von ›privare‹ und heißt ›rauben‹.

1X = 3X+

Da machte sich im 7. Jahrhundert ein irischer Christenmönch auf den Weg, um den Germanen den neuen Glauben von Auferstehung und Sündenvergebung zu predigen – so wurde er zum **Kolonat**, zum Missionar, der eine neue Kolonie des Glaubens in Mitteleuropa gründen sollte.

Zu seinem Pech endete diese Mission gerade im heutigen Würzburg am Main – und es gelang ihm gar nicht, den donargläubigen Germanen klarzumachen, dass ein Gottvater nicht imstande gewesen sein soll, seinen eigenen Sohn vor dem Kreuzigen zu bewahren.

Mit solch einem Versagergott wollten die bodenständigen Germanen nix zu tun haben. Also töteten sie den Mönch, um zu sehen, ob er wirklich auferstehen könnte – tat er aber nicht, sondern war mausetot und fing nach einigen Tagen zu stinken an. Die Germanen schimpften ihn einen Lügner und warfen ihn den Hunden vor.

Dessen Geist aber spukte in der Zeit danach, so dass die Germanen ihn zum **Totnan** erklärten – zum Untoten.

Die anderen Iren, die erfuhren, dass er gekillt wurde, erklärten ihn zum **Kilian**, einem mörderisch Getöteten, der sich nun selbst rächte.

Und so kommt es, dass die Würzburger Katholiken heute den Schrein von drei Heiligen verehren: Kilian, Totnan und Kolonat, der aber nur ein Einziger war. Wie aber dieser kolonisierende, gekillte Untote wirklich hieß, weiß niemand mehr – so auch nicht, was genau er nun vollbracht hatte, außer sich von den Germanen abmurksen zu lassen.

Das ist Kirche!

Synthese

- Am Anfang war alles so rein und einfach, doch dann kam der Mensch und trübte mit wirren Gedanken die heile Selbstverständlichkeit – und siehe, alles verklärte sich zur Unkenntlichkeit. Nun ziehen wir aber mit der magischen Feder darüber und formen zurück, was sich vor Angst verborgen hat – denn nur im Suchen liegt das Finden.

- Manchmal ist mir einfach so danach, die Büchse zu ergreifen und mit grobem Schrot in die Wolken zu schießen – auf dass es Glückseligkeit regne über die Menschen und ihnen ein Wohl gefalle: das Beregnetwerden mit recycelter Sünde, abgeschossen auf dem Weg zur Hölle – denn die Hölle ist da droben und der Himmel inmitten der Erde – siehe und höre!

- Das Gebot des Verzeihens: Wenn dir einer die Wange schlägt, dann halte ihm auch die andere hin – und wenn er's wieder tut, dann reiße ihm einfach den Kopf ab, denn er will es ja nicht anders!

- Drum lasset euch die Haare lang wachsen, denn sie sind Antennen zu den Sternen und zum Puls des Universums. Dann streckt die Arme hoch, mit geschlossenen Augen, und schickt den Gedanken weit hinaus ins All, zum Ursprung aller Dinge – auf dass ihr später träumet in der Nacht, wie es war und wie es kommen wird, in der schwingenden Spirale des ewigen Daseins.

- An was soll ein Mensch denn sonst glauben, wenn nicht an die Kraft der Sonne, den Erdmagnetismus, die Luft und das lebengebende Wasser? Das allein sind wahre Gottheiten – die Natur in all ihrer herrlichen Vielfalt. Aber niemals einer, der da hilflos am Kreuze verreckt, oder dessen Vater, der ohnmächtig dabei zuschaut.

- Göttlich ist allmächtig und sollte nicht einmal annähernd mit Menschlichem verglichen werden – geschweige denn, mit menschlichem Hirn interpretiert oder sogar verstanden werden.

Teufelsrevoluzzer

Ich weiß nur, dass ich während der ägyptischen Revolte 2011 gestürzt bin und mich am Kopf verletzt habe. Nun liege ich in diesem geheimnisvollen Raum, bin frisch verbunden und jemand sitzt an meinem Bett.

Da fragt mich doch glatt die vermummte Person: »John, wie kann jemand nur so viel irres Zeugs schreiben wie du?«

Ich antworte prompt: »Ganz einfach, indem er so verrückt lebt wie ich.«

Die Person grinst viel wissend unter dem Schleier. »Nee, John – du hast schon richtig verstanden ...«

Ich blicke sie leicht genervt an. »Es geht auch noch schlimmer ...«, raune ich. Das Wort ›irre‹ ärgert mich ein bisschen. Seit wann nennt man fantastisch oder genial ›irre‹?

»Und, kommt das einfach so über dich?«, will die Person weiter wissen. Es klingt, als befrage sie grad einen gefährlichen Triebtäter. »Oder zermürbst du dir wirklich nur das Hirn und melkst es aus wie eine Pusteblume? Einfach so?«

Pusteblume war gut. Manneyh, die macht Vergleiche, denk ich mir – die ist ja noch viel scheppser, als ich. »Was genau willst du wissen?«

»Alles, John. Alles!«

»Des kannst vergessen. Nix mehr sag ich dir! Und schon gar nicht, dass ich diese ganze Fehlentwicklung im Islam für eine traurige Menschenverblödung halte.«

»Musst du aber!«

»Hab ich doch grad!«

Die Person bleibt hartnäckig. »Aber sie wollen ALLES wissen, sie wollen endlich die Gründe kennen, wieso du sie entlarvt hast – und wieso jetzt, im Herbst nach dem Islamischen Frühling, wieder Millionen von Moslems auf die Straßen gehn und nun auch den neuen Machthabern den Garaus machen wollen.«

»Na, du bist gut ... Tja, weil ich Augen im Kopf habe und eine visionäre Gabe, vielleicht?! Oder weil ich früher Karl May gelesen habe und jetzt genau weiß, wie Hadschi Halef Omar tickt?!« Von wegen irre. »Ja, das ist der Grund«, erkläre ich ihr. »Ich sehe die Dinge aus einer ganz anderen Perspektive und verklickere somit dem Volk die durchschaute Verblödungsstrategie der eigentlichen Strippenzieher und Welt-Machthaber. Die islamischen Völker wurden einmal mehr für dumm verkauft!«

»Sind sie das?«, fragte die Person im Anflug einer Erleuchtung.

»Sie springen über's Messer – sie glauben, dass sie auf der Schneide des Ruhms säßen: On the edge of glory! Aber es kommt noch schlimmer: Sie sitzen auf der Spitze eines Bajonetts. Bald stürzen sie voll hinein – sie sind grad dabei, sich selber aufzuspießen.«

»Du bist tatsächlich verrückt!«, stellt die Person fest. »Aber gerade das wird wahrscheinlich dein Leben retten.«

Die Person lockert ihre Burka. Zwei wunderschöne Augen mustern mich. Sie ist also eine Frau – eine Frau mit verrauchter, tiefer Stimme. Und unterm Gebetsmantel ist sicherlich nur nackte Haut mit Zeichnungen aus

Henna.

»Ja, die Machthaber!«, verlautet die weibliche Person, wohl wissend, dass ich jetzt ihr Geschlecht kenne.

»Und?«

»Wer sind denn diese bösen Machthaber in deinen Augen?«, will sie wissen.

»Na die umzingelten Lügen-Politiker, Öl-Manager und Roulette-Banker! Die Zocker, Wettenmacher, Börsianer, Spekulanten, Berufs-Profiteure! Die, die sich jetzt alle da oben in der großen Pyramide verschanzt haben und um ihr Leben bangen!«

Ich werde plötzlich aus engen Augenschlitzen gemustert. »Und was genau wird mit ihnen geschehn?«, fragt sie lauernd.

»Na was schon? Das Volk hat die Pyramide untertunnelt und Unmengen von Dynamit drunter gelagert. Um Punkt 12 Uhr Mitternacht gehen sie dann alle hoch.«

Die Person ist geschockt. Sie blickt auf die Wanduhr und dann wieder zu mir. »Und das alles hast du in die Wege geleitet?«

»So ziemlich«, sage ich mit latent aufkommendem Stolz.

Ich blicke mich um und stelle jetzt erst fest, dass ich in einer Hab-mich-lieb-Jacke stecke. Das ärgert mich. Wut kommt in mir auf: »Lass mich sofort wieder los!«, fordere ich.

Die Person verneint mit dem Kopf. Sie holt einen Rosenkranz aus der Tasche und beginnt laut das Ave Maria zu beten.

Mir wird nun doppelt unheimlich. »Du bist gar keine

Muslima?«, stelle ich fragend fest.

Sie nickt.

»Und wer bist du nun? Und wo, bitte, bin ich selbst hier überhaupt?«, frage ich energisch.

Die Person macht Ernst und betet weiter. Sie deutet mit dem Kinn zur Wanduhr. Ich schau hin: Es ist 30 Sekunden vor Punkt 12 Uhr Mitternacht.

Wie ein Geistesfunke zieht die bittere Erkenntnis durch mich. »Ihr habt ... mich ... also ... in die große Pyramide gebracht?«

Schönauge unterbricht ihr Gebet und grinst hämisch. »Ja, John – du wirst mit uns sterben, wie du gerade angekündigt hast – durch die Energie, welche deine Leute unter die Pyramide montiert haben. In wenigen Sekunden sind wir alle tot. Auch du! Aber **WIR** werden alle zu Jesus Christus und Jungfrau Maria gebeamt. Nur du nicht!«

»Wieso denn das?«, frage ich mit aufkommender Angst. »Jesus und Maria sind doch nur ein Plagiat von Horus und Isis?!«

Die weibliche Person lässt alle Hüllen fallen. Splitternackt hält sie den Rosenkranz hoch. »Liebeskugeln«, sagt sie und warnt: »Die anderen verfolgen unser Gespräch mit und wissen jetzt, dass sie sterben müssen. Wir alle beten jetzt den Rosenkranz. Du aber nicht!«

Ich starre auf die Uhr. Nur noch 10 Sekunden bis zum großen Knall. Ich bin verwirrt – ich wurde ausgetrickst, doppelt und dreifach. Meine Revolution will mich jetzt mit meinen eigenen Waffen schlagen. Ich fühle mich im Stich gelassen – verraten und verkauft. Ich werde urplötzlich gläubig. »Verdammt noch mal, dann schmeiß mir doch auch 'nen Rosenkranz rüber.«

Es ist 5 Sekunden vor zwölf. Die Göttin setzt ihr überlegenstes Grinsen auf. Sie reißt ihren Rosenkranz entzwei und wirft mir die eine Hälfte zu. »Fang!«, ruft sie.

Drei vor zwölf. Ich stecke in der Zwangsjacke und kann meine letzte himmlische Rettung nicht ergreifen. Die Perlen prallen an meiner Brust ab und fallen zu Boden.

Ich schau aus geweiteten Augen auf die Wanduhr. Gerade in diesem Augenblick erreicht auch der Sekundenzeiger die anderen beiden auf der Zwölf. Es kracht und donnert gewaltig. Ich sehe die Mauern auf mich zufliegen. Im nächsten Augenblick bin ich tot.

Und dann sehe ich alle anderen Getöteten mit mir ins Totenreich schweben. Aber ihre losen Arme behindern sie irgendwie am Eindringen in den Paradiestunnel – sie verfangen sich in den Dornen darin und bleiben verzweifelt hängen – so nah am Ziel. Ihre Rosenkränze reißen, und überall schwirren Kugeln durch die Lüfte.

Nur ich kann mich nicht verheddern, da ich noch immer in der Zwangsjacke stecke. Und siehe, ich werde von einem Sog durch den Tunnel getrieben und erlange das Himmelreich – gerade ich, der Revoluzzer des Teufels. Ich erkenne: Der himmlische Tisch ist angerichtet – das Abmähen der Seligen und Heiligen könnte eigentlich beginnen … sobald mich nur ein erbarmender Christ aus der Zwangsjacke befreit.

Nirvana

Nirvana ist der buddhistische ewige Kreislauf des Leidens, Sterbens und Wiedergeborenwerdens durch das ultimative Erwachen.

Wer aber schon vor seinem Tode erfahren will, wie es sich anfühlt, mache Folgendes: Man lasse sich die Augen verbinden und dann fünf Minuten im Kreise drehn. Zusätzlich lasse man sich mittels 4 x 5 000-Watt-Boxen aus 1 m Entfernung mit grimmigem Black-Metal-Sound beschallen und dabei abwechselnd mit 100 heißen und eiskalten Wassereimern überschütten – zusätzlich zu den 99 Peitschenhieben nach dem Elektroschocker.

Danach schalte alles brüsk ab und lasse dich auf ein spitzes Nagelbrett fallen. Und während du da liegst und bereits merkst, wie ein Teil deiner Seele in die Ewigen Jagdgründe hinübergeht, siehst du, wie sich das goldblonde Nürnberger Christkind über dich beugt und fragt: »Lieben Sie den bayerischen Musikantenstadl?«

Die ohnmächtige Art von totaler Resignation, die dir dann durch alle Sinne geht, nennt sich **Nirvana**!

Selbstkasteiung

Es gibt Hauptsünden, Wurzelsünden, Todsünden, himmelschreiende Sünden, lässliche Sünden und Softsünden.

Und schuld daran sind der Teufel, der Beelzebub, Luzifer, Mammon, Asmodeus, Leviathan und Belphegor. Mit einem Wort: die Kirche! Denn hätte die Kirche diese Dämonen nicht erfunden, wüssten wir gar nix davon und lebten fröhlich in den Tag hinein.

WIESO?

Das höchste Gut einer Demokratie ist die Meinungsfreiheit. Stirbt sie, stirbt auch die Demokratie. Gibt es keine Demokratie mehr, macht sich die Anarchie breit, die dann letztendlich von der Tyrannei niedergeknüppelt wird. Und jene, die immer nur tatenlos zugeschaut haben, werden den alten, schönen Tagen nachweinen, wenn sie dann nur noch von Geisteskranken bevormundet werden. Also wehre man den Anfängen und lasse die schrägen Vögel nicht noch mehr an Macht gewinnen! Wieso denn?

Wenn eine Gesellschaft degeneriert, geschieht das meistens aus einem entglittenem und verspieltem Wohlstandsdefizit. Das äußert sich primär, indem die gesund und natürlich Denkenden nach und nach benachteiligt, diskriminiert und letztendlich ausgegrenzt werden. Träger von physischen und psychischen Infekten brillieren unaufhaltsam – die eigentlichen Behinderten tyrannisieren die Gesunden. Schrille, abnormale Typen rangeln sich hinterfotzig an die Macht und dirigieren bald mit ihrem kranken Hirn das ganze Geschehen. Wieso?

Perfide Banker, skrupellose Börsianer und teuflische Zocker greifen nach dem Zepter der Welt und kaufen sich die Politik, Stück für Stück. Sie werden ganze Parlamente zum abhängigen Marionettentheater umstrukturieren und die Schlüsselstellungen mit ihresgleichen besetzen.

Bald kontrollieren sie zu 100 % auch das Militär, die Polizei und die Geheimdienste. Dann wird's Schlag auf Schlag gehen, bis es nichts mehr zum Verteilen gibt. Die Anständigen und Gesunden werden nur noch zum Produzieren und Kinderkriegen gezüchtet – weil die Perfiden ja dazu nicht in der Lage sind. 10 % Herren und 90 % Sklaven bilden die Spezies Mensch auf Erden.

Wer aber solch eine Welt nicht haben will, der lasse heute und jetzt die Meinungsfreiheit nicht sterben. Denn am Anfang ist das offene Wort aus freiem Gedanken. Doch es wird nachhaltig bedroht vom Übel, welches überall lungert und sich ungebremst ausbreitet wie ein apokalyptisches Geschwür. Das Volk der Dichter und Denker wird ein Heer von Sklaven und Leibeigenen – denn siehe: Noch nie wurde so viel Literatur zensuriert oder mittels unlauterer Methoden verhindert wie heute. Nur noch Stuss und Belanglosigkeit werden veröffentlicht – dümmliches Gesülze, Drogen für den Mob.

Die niedergeschriebenen Botschaften der wissenden Denker, forschenden Lösungsfinder und gerechten Organisatoren versickern in den Vorhöfen einer völlig manipulierten Verlagswelt. Der kümmerliche Rest von Brillanz wird von den großen Buchhandelsketten vernichtet, indem diese die Werke der Aufklärung nicht in ihren Regalen präsentieren. Die Hyäne namens Zensur hat sich zum Wadenbeißer des multikapitalistischen Raubtiers gemausert, weil wir nicht aufgepasst haben. Wieso?

Liebe Freunde, wenn die Perle unseres Gewissens – die Meinungsfreiheit – stirbt, wird es eiskalt in den Herzen, und Finsternis zieht auf in den Gemütern. Die verzogenen Sprösslinge des Wohlstands werden jämmerlich ertrinken in einem Meer aus bitteren Tränen. So riefe ich doch gerne gen Himmel und schrie in die Winde das eine und das andere – und die Erde wäre mein Zeuge. Aber siehe, noch tue ich es nicht! Wieso?

Ein Geschöpf namens Hunger

Am Anfang aller Tage wurde zuerst der Hunger geboren. Um ihn herum entwickelte sich nach und nach das erste irdische Lebewesen: ein verdauender Darm. Er lebte so dahin, mit dem großen Ziel, seine Seele zur Pforte namens ›Alterstod‹ zu bringen. Aber bis dahin musste er viel essen – also auch töten. Und so schuf der Darm den Menschen um sich herum: zum Fangen, zum Töten, zum Fressen und hauptsächlich zum Auskacken.

Die ganze Güte seiner Seele besteht jetzt nur noch im ›wie hat er getötet‹ und ›in welcher Qualität hat er sein Opfer aufgegessen‹. Daher: Wie wertvoll ist die Qualität seiner Exkremente – und in was verwandeln sie sich, wenn der himmlische Blitz in sie einschlägt. Was wird dann zu Gold, was ein Diamant, und was bleibt einfach nur Scheiße.

Hoch darüber aber schwebt der Geist seiner intelligenten Werke, denn dieser ist der schlaue Reiter auf dem Esel namens Seele: erhaben über allem und frei von irdischen Nöten, denn er ist Teil des kosmischen Schöpfungspotenzials: der Hunger.

Als dem Menschen noch der Genierer fehlte – und der Menschin ebenso

Bevor Adam und Eva vom Baum der Erkenntnis gegessen hatten, empfanden sie keine Scham und genierten sich vor nix. So sagte dann zum Beispiel Adam zu Eva: »Liebste, komm, lass uns heute Abend zusammen lecker essen gehen – und morgen früh nach der Verdauung gehen wir gemeinsam genüsslich kacken und schauen, wer das größte Häufchen macht. Und zu guter Letzt lesen wir unsere Zukunft aus der frischen, dampfenden Scheiße ... Liebste.« Und dabei guckte er sie ganz toll verliebt an.

Facebook – der Beichtstuhl der Moderne

Noch nie zuvor in der Menschheitsgeschichte outeten sich die Leute so freiwillig und offen wie hier. Die Kirchen-Beichtstühle bleiben leer – so auch die Opferstöcke.

Das hat der Papst schon lange erkannt und sich jetzt quasi *arbeitslos* gemeldet – eben weil er clever ist: er facebookelt fleißig als Papa-Emeritus-II und begreift allmählich, dass die Welt ja ganz anders tickt, als man es im Vatikan so annimmt.

Die einzigen wahren Profiteure dieses technischen und sozialen Beichtwunders aber sind die Geheimdienste. Jetzt brauchen sie keine heimlichen Wanzen mehr in den kirchlichen Beichtstühlen zu verstecken (und dafür löhnen), sondern sitzen bequem in ihren Chefsesseln, schauen sich Postings, Kommentare, Fotos, Stüsse und den ganzen Seelenstriptease in Facebook an – auf allen Ebenen natürlich. Und sie wissen heute besser denn je, wer wessen Geistes Kind ist, und was genau er und seine Freunde so im Schilde führen.

Ist das nicht schön? Nur noch ›Ficken für den Weltfrieden‹ kann schöner sein.

Es schwant dem Schwanerich

Mir schwant, was uns Männern kompensatorisch bevorstehen wird: Von allen atypisch männlichen Beschäftigungen wird es sicherlich das Monopol zum Kinder großziehen sein. Kompensatorisch, weil wir sie *noch* nicht selber gebären können – dann wenigstens großziehen. Damit meine ich nicht, den Kiddies auf die Füße steigen und sie an den Ohren auf Augenhöhe ziehen. Denn denkt mal daran: Wir werden Dschungelkönig, wenn wir nur genug flennen, wir haben unser Bocken bereits dem Zicken angepasst, und wir haben zwei Brustwarzen, hinter denen sich auch latente Milchdrüsen befinden, die sicherlich Milch produzieren, sobald ein Baby daran saugt. Und irgendwie sieht unser Penis heute schon aus wie ein mutierter Kitzler.

Tarnung

Könnte es denn sein, dass wir alle – jeder Mensch, jedes Tier, jede Pflanze – Teil einer aktiven, allmächtigen Schöpfungskraft sind, welche sich synchron aufgesplittet hat, um den Planeten mit Leben zu erfüllen; aber auch, um das Wissen um sich selbst myriadenfach in alle Winde zu verstreuen – zur Tarnung und um sich nur dann wieder geballt zu sammeln, wenn wirklich große Gefahr naht?!

Sorglos

Der Albtraum hat dich aufschnellen lassen. Schweißgebadet starrst du aus geweiteten Augen in die Finsternis. Wie ferngesteuert tastest du dich zur Tür, öffnest sie zögerlich, äugst durch die Nacht und schmeißt dich dann splitternackt in den jungfräulichen Kristallschnee. Es zischt, es dampft. Die bösen Geister entweichen somit – sie mögen die Kälte nicht, sie verdunsten mit einem Zisch zurück in die Hölle. Die bist du erstmal los – aber nicht den makabren Traum, den sie dir wie eine Zecke ins Hirn gesetzt haben. Seine Botschaft schlüpft gerade und macht es sich heimisch in deinem Kopf – richtet sich ein, wie der Papst im Vatikan.

Da liegst du nun bäuchlings im Schnee und weißt vorerst nicht einmal, wer und was du eigentlich bist. Du drehst dich auf den Rücken … und wiederum zischt es. Dann schaust du an dir herunter und begreifst schon mal, dass du kein Mann mehr bist. Zur Sicherheit lässt du deine Hand zwischen die Schenkel gleiten … hältst erschrocken den Atem an … und schreist laut auf: Auch eine Frau bist du nicht. Da ist weder Pimmel noch Schlitz, da ist gar nix – glatt verläuft's dort unten rundherum, vom Nabel bis zum Rücken.

Du richtest dich misstrauisch auf, beugst dich wieder nach vorne und starrst ungläubig dahin, wo einst dein Gemächt baumelte. Trauer und Wehmut kommen auf. Und du glaubst, noch immer träumen zu müssen. Ist aber nicht so – du lebst in der Realität, und alles ist bittere

Wahrheit: Du bist geschlechtslos! Dann lässt du deine Hand nochmals unter dich gleiten und entdeckst, dass da nicht einmal das kleinste Löchlein mehr ist. Du bist sogar afterlos. Du bist zum ersten Mal in deinem Leben vollkommen dicht.

Und allmählich rieselt die Erkenntnis über dich, dass du ab heute nichts mehr zu essen und zu trinken brauchst … solltest … müsstest. Nie wieder auf ein Klo gehen musst. Nie wieder anstehen musst und dir nie wieder das nötige Kleingelt für'n Piss in der Stadt fehlt. Heureka! Jetzt erst reißt du die Augen richtig auf. Für einen zweiten lauten Schrei bleibt dir jetzt sogar die Luft weg – so arg, dass du zu ersticken drohst.

Die Kälte beginnt in dich überzugehen, denkst du – denn so müsste es ja sein. Aber es ist nicht so: Du frierst nicht, die Kälte kann dir nichts antun. Dir ist pudelwohl zumute. Du sitzt noch immer im Schnee und stützt dich mit den Armen locker nach hinten ab. Du willst deine Sinne sammeln. Du kannst wieder atmen. Nüchternheit kehrt in deine Birne ein. Du bist grad dabei, dich mit deinem neuen Körper zu identifizieren. Die Panik weicht der Angst, die Angst geht über in Staunen, das Staunen in Verwunderung. Dann kicherst du los, lachst verhalten und kriegst dich kaum noch ein.

Du erhebst dich und streckst die Arme gen Himmel. »Daaankee!«, rufst du zu den fernen Planeten. Erlöst lässt du den Kopf in den Nacken fallen und schaust in den klaren Sternenhimmel hinein. Du hast heut den Eindruck, sogar bis in die tiefste Ecke des Universums blicken zu können. Erleichterung und Schwerelosigkeit überwältigen dich.

Jetzt sind sie vorbei, begreifst du – all deine ärgerlichen täglichen Probleme sind ab heute vorbei. Ja, das weißt du und spürst es überdeutlich in jeder einzelnen Pore. Du brauchst nicht mehr dem anderen Geschlecht nachzulaufen, du brauchst nicht mehr essen und auch nicht mehr trinken. Du brauchst auch keine Kleidung mehr gegen die Kälte. Und weil's überhaupt niemanden mehr gibt, dem du imponieren willst, brauchst du überhaupt keinem Fetisch mehr nachzueifern.

Du brauchst nix mehr zu kaufen, ist die ultimative Schlussfolgerung. Also musst du auch kein Geld mehr verdienen. Schluss mit der Plackerei. Du wirst ab jetzt in den Wäldern leben, wo es so schön und so lustig ist. Du grinst plötzlich ganz hämisch: Du brauchst auch keine Steuern mehr zu zahlen und keine Politiker mehr tolerieren. Allmählich begreifst du, dass du auch frei von allem Übel bist. Du lebst außerhalb der Gesetze der Bedürftigen nach häuslicher Wärme, Sex, Essen und Mode. Du bist mega-autark – du brauchst gar nichts mehr von alledem: keinen Strom, kein Gas, kein Sprit, keine Kondome, keine Blumen mehr für die Schwiegermutter. Über die nervenaufreibende Konsumgesellschaft kannst du ab heute nur noch lachen.

Du tanzt ausgelassen unterm Himmel und rufst: Danke, ihr lustigen Höllen-Geister, ihr habt mich von all dem erlöst, was mir bisher so himmlisch schien, wenn man es endlich besaß.

Wenn Männer sehend werden ...

Egal wie man's dreht und wendet: Am Ende hat die Frau immer recht. Man könnte fast meinen, sie käme aus der Zukunft und wisse daher alles schon im Voraus. Dann aber stößt sie alles immer wieder mit dem Popo um, was sie so hellsichtig mit ihrer Intuition gedeichselt hat. Da könnte man fast denken, diese Zukunft ist eine trügerische Fata Morgana – es ist genau dieselbe Zukunft, die sie auch zum Heiraten verleitet hat, ohne sie zu warnen, dass Männer später einen Bierbauch kriegen, und vor allem, dass ihnen irgendwann die Augen aufgehen, wenn sie frühmorgens ungeschminkt im Bett erwacht.

Scheinheiligkeit

Zur Meinungsfreiheit gehört auch, dass sich jeder über jede Religion lustig machen darf. Denn Religion ist ebenso Massenverblödung, gezielte Instrumentalisierung und insgesamt eine Beleidigung jeglicher menschlicher Intelligenz.

Die wahre Schöpfungskraft benötigt nämlich keine Religion, denn sie ist allmächtig und funktioniert sowieso jenseits jeglichen menschlichen Verständnisses – und zwar ganz anders, als es sich die Pfarrer, Rabbiner und Imame in ihren kühnsten Träumen vorstellen können.

Die kosmische Natur spricht ihre eigene Sprache und schert sich nicht die Bohne um mickerige Menschengebete und scheinheilige Lobsingerei.

Wie ich das Universum sehe

Es gibt das allmächtige Schöpfungspotenzial, welches unbegreiflich ist für das Wesen Mensch. Es erfüllt keine Wünsche und schert sich nicht darum, ob es gelobt oder getadelt wird. Gebete und Lobsingerei tangieren es nicht, weil es die niedrige Stufe des Hörens und Sehens nicht kennt. Geld und Reichtümer sind ihm fremd. So braucht es auch keine Priester und sonstige Vermittler, die da eigenmächtig in seinem Namen lenken und predigen – denn es ist doch schon alles vollbracht und folgt nur noch dem kosmischen Chaos namens Natur.

Nach dem Tod beginnt ein neuer Anfang – und zwar so, wie im Leben zuvor verdient: nach dem Verständnis von Gerechtigkeit und Ausgleich. Aber ein Teil der Seele wandert auch in die Mitte des Planeten, woher das erste göttliche Element namens Wasser kommt. Das zweite Element sind die Erdstrahlungen. Das dritte ist die Sonne und das vierte der Mond – alle beide in der ganzen Fülle ihrer breit gefächerten Komponenten. Erde, Luft und Feuer wären die nächsten, sodass es sieben sind. Weiter hinaus zu denken, wäre vermessen.

Was wir lernen sollten, ist lediglich, die Sprache dieser sieben Elemente wieder zu verstehen und ihren stillen Geboten zu folgen.
    Nur im Träumen erfahren wir's – dann, wenn unsere animalischen Instinkte ausgeschaltet sind, öffnen sich die

Pforten zum Universum aller Dinge. So sollen unsere Taten nur noch vom Gewissen gesteuert werden: im Sinne eines besseren Miteinanders und eines optimalen Wiederlebens – so wie verdient.

Mädchenträne

Wenn da einer den Regenbogen knickt, bricht er das Licht, und es werden rausrinnen die Farben, wie der Tau aus dem weinenden Auge eines verlassenen Mädels – und ein kalter Schauer zieht um den Erdball, welcher Frustkummer heißt und alles verdunkelt in der frostigen Tiefe der Sinnesdämmerung.

Tausend Tränen verdampfen auf der heißen Brust, worunter darbet ein gar leidend Herz – und die vernebelten Tränen erheben sich in den Sternenhimmel hinauf und sammeln sich zur Wolke der Sehnsucht, die da führt ihre Träume und Sehnsüchte, um dann als Regen darnieder zu prasseln auf den Verursacher derer selbst – auf dass er wisse und darin ertrinke, wenn er nicht Einsicht daraus schöpfe und Buße tue nach der Reue, so dass alles gut werde am Ende oder noch besser: auf dass der bunte Regenbogen wieder erleuchte die Welt der Suchenden.

Eier auf der Brust

Manchmal überlege ich, wie es wäre, wenn wir Kerle unsere Eier auf der Brust spazieren tragen würden – so wie die Ladies ihre Möpse. Dann würde es auch Eierhalter geben, Silikon-Eier und das übliche Ausschnitt-Geprotze mit all dem ganzen Wabbel-Wabbel & Schwabbel-Schwabbel. Denn Mann will ja zeigen, dass er Eier hat – und zwar was für welche.

Und Frau könnte sofort erkennen, was für'n Typ sie vor sich hat – und müsste sich nicht erst von den Falschen ›unbefriedigen‹ lassen. Auch könnten wir uns so leichter an den Eiern kratzen – und sowieso.

Gottteufel

Um dir alle Völker untertänig zu machen, musst du erst mal ihre Sprache verwirren, indem du die Nationen untereinander vermischst, sodass sie nicht mehr eines Begehrens sind. Dann sollst du die Börse ins Leben rufen, Weltkriege anzetteln und das Internet erfinden. Deine Nachkommen sollen Sozialplattformen, Suchmaschinen und Enzyklopädien schaffen, auf dass unsere Geheimdienste wissen, wie jeder einzelne User tickt. Zuletzt baust du dann eine Scheiße nach der anderen und schiebst sie den Aufmüpfigen in die Schuhe.

So sollst du das tun in meinem Namen (Satan) und allen weismachen, dass ich ein liebender Gott sei!

Schlangenschakal

Wenn einer in der Wüste schreit, hört ihn kein Mensch – nur der Schakal und die Klapperschlange. Der eine, weil er große Flügelohren hat, die andere, weil sie deine Verzweiflung förmlich spürt. Sie rasselt mit dem Klapperschwanz, wenn du ihr zu nahe kommst mit deinem Kummer, so als wäre Kummer ansteckend, und sie wolle sich davor schützen. Ihr beide werdet beobachtet – von der Düne her verfolgt der Schakal seelenruhig das Geschehen.

Schritt für Schritt näherst du dich dem tödlichen Reptil. Du willst, dass es dich beißt – denn in drei Stunden wird es dich dann nicht mehr dursten. Deine Seele wird alsbald vom sündigen Körper erlöst und schwebt endlich in die langersehnte Hölle. Und dein Körper wird dann vom Schakal gefressen und gelangt transzendental zu Isis und Osiris ins Reich der Toten. So denkst du dir das.

Dann ist es soweit. Du hast die Schongrenze überschritten, und die Schlange kann gar nichts dafür, dass sie jetzt wie ein Blitz hochschnellt und dir in den Nabel beißt. Es zischt, es rasselt und Gift wird in dich hineingeschossen. Sehr viel Gift, denn das Auge der Schlange hat dein Körpergewicht gemustert und die notwendige Dosis genauestens berechnet. Aber du bist ein großes Tier. Ihr ganzer Vorrat ist somit binnen eines Sekundenbruchteils vergeudet worden. Und während du zu sterben beginnst, steht die Schlange jetzt quasi schutzlos da.

Das weiß auch der Schakal. Darauf hat er nur gewartet. Außerdem weiß er aus Erfahrung, dass Klapperschlangenfleisch besser schmeckt als Menschenfleisch. Schlangenfleisch ist rein, unverdorben vom Geiste her, frei von jeglicher Sünde, ja, es hat irgendwie sogar den Geschmack des unschuldigen Märtyrers. All das weiß der Schakal, der sich jetzt gerade von der Düne heruntermacht. Er weiß aber auch, dass er der Schlange keine Zeit mehr lassen darf, für die Regeneration des neuen Giftes.

Zielgenau scherwenzelt er die Düne herunter. Er hält neben dir und beäugt dich kaum. Für ihn bist du ein Wesen, dem man nicht genug Qualen an den Hals wünschen kann. Ein viel zu schöner Tod ist das, den dir da die Klapperschlange beschert hat, denkt er. Du stehst bei ihm nämlich ganz unten in der Rangliste der Wesen – bist so was wie ein Grippevirus für ihn –, eines von diesen milliardenfachen aufgeplusterten Geschöpfen, die nach und nach die ganze Erde verpesten.

Der Schakal lässt dich links liegen. Du begreifst in diesem schändlichen Augenblick, dass es wohl nichts mit Osiris und Isis wird. Du wirst niemals in das Reich der Toten eingelassen, weil der wachende Pförtner, der Schakal, das nicht zulässt – da müsstest du nämlich erst durch seinen Magen, aber du stinkst ihm zu arg, er wird dich nicht verspeisen. Schande!

Urplötzlich verstehst du, warum sich die Pharaonen posthum diesen menschlichen Gestank rausnehmen und sich mit Weihrauch einbalsamieren ließen. Einsichten über Einsichten ziehn vor deinem geistigen Auge vorbei. Im

Sterben wirst du endlich weise, und keiner erfährt es. Schade! Und du kannst all diese Erkenntnisse nirgendwo mehr aufschreiben, als mit erlahmendem Finger neben dich in den Sand.

Dein erstarrender Blick verfolgt weiterhin den Schakal und die Klapperschlange. Du grinst gequält, denn du weißt, dass die Schlange jetzt bald dran ist. Sie schauen sich viel wissend in die Augen, der Schakal und die Klapperschlange. Es ist ein einziger Jammer für die Klapperschlange. Jahrtausende lang musste sie, der Menschen wegen, für dessen Sündenfall im Paradies hinhalten, obwohl das niemals so geschehn ist und sie niemals was verbockt hat. Und jetzt ist sie gift- und wehrlos – wieder mal wegen eines Menschen, der von ihr gebissen werden wollte. Also, was tut sie? Sie verflucht dich, den Menschen, der da sterbend im Sande liegt.

Das merkst und spürst du sehr deutlich. Und jetzt weißt du, dass du mit diesem Fluch niemals in die ersehnte, ewige Unterwelt gelangen kannst. Nur die Unverfluchten und Gerechten kommen dahin. Die Schlange allein entscheidet, wer in diesen Genuss kommen darf. Es bleibt dir jetzt nur noch der Himmel übrig – aber wer will schon dahin, wo man doch weiß, welch Geistes Kinder dort jauchzen?!

Du schreist laut auf und keiner hört dich – denn dein Schrei wirkt stumm im großen Schweigen der Wüste! Und du bist jetzt der Schlangenschakal.

Leckomio!

Es gibt wunderschöne Berge, Seen, Meere und Flüsse an verschiedenen Orten, immer und immer wieder, rund um den Globus herum – und das bei solch einer wuchtigen Rotation um die eigene Achse und zugleich um die gleißende Sonne, ohne von Asteroiden getroffen zu werden. Ein Meisterstück der kosmischen Geschicklichkeit. Und wir Menschen gehen seelenruhig in den Supermarkt und kaufen Kondome, die wir neben den Rotwein auf's Band legen, mit lüsternen Gedanken übers Flachlegen von irgendjemandem – weil sich dann alles noch viel schöner um uns dreht und wir uns planlos treiben lassen können von diesem Koloss Erde, quer durchs Universum. Leckomio!

Stinkefinger

Spätestens dann, wenn auf den europäischen Kirchen der Halbmond steht und die abendländischen Töchter nur noch verschleiert, in zugeschnürten Säcken, zwischen Schafen und Kamelen über deutsche Straßen laufen – dann erst begreift auch der letzte Germane, dass etwas falsch gelaufen ist in seinem Land. Aber erst, wenn er in seiner Stammkneipe Tee statt Bier trinken muss, wird er so richtig gallig. Rebellieren wird er trotzdem erst, wenn sie ihm bei lebendigem Leibe die Vorhaut abziehen. Und aus dem Grab heraus ballt er dann seine Faust empor und zeigt den neuen Herren all die angestaute Wut im Stinkefinger. Das ändert dann natürlich wieder alles.

NIX

Du willst nur mal raus aus der Stadt, um endlich einen klaren Kopf zu bekommen. Du willst diesmal aber hoch hinauf in die Alpen, um weit übers Land zu blicken – so als könntest du von da oben deine Seelenpein aus einem heilenden Winkel betrachten.

Es liegt hoher Schnee in den Bergen. Die Sonne scheint grell und wärmt dein Antlitz. Der Himmel ist wolkenlos und wirkt dunkelblau. Du bist da oben dem Himmel näher und dir ist plötzlich, als spürest du den Flügelschlag der Engel. Dir ist sogar, als sähest du einen auf dem vereisten Gratrücken – eine Schneewehe ist vom Kammwind zu einer geflügelten Mädchenfrau geformt. Ihr Gesicht erinnert dich an deine hübsche, damals frischgebackene Lateinlehrerin von der Highschool. Sie würde jetzt sagen: »Viel Nix ist gefallen …«, und: »Johnny, du siehst da lediglich ein Gebilde aus Nix, du Schlingel.«

›Nix‹ heißt ›Schnee‹ auf Latein. Viel Schnee – viel Nix, wie gegensätzlich im Deutschen, wie Varus und Armin im Teutoburger Wald.

Du schlürfst den Flachmann leer. Balsam für's Gemüt. Die Sonne prallt auf das Meer aus schneebedeckten Gipfeln, und du bekommst Halluzinationen. Du siehst plötzlich Dinge, die da gar nicht hingehören. Und du fragst dich ungewollt, ob die deutschen Nixen wohl aus diesem lateinischen Begriff abgeleitet worden sind. Nixe, die

Schnee-Fee? Wie schön das wäre – und vielleicht stimmt's sogar.

Die reflektierten Sonnenstrahlen blenden dich und lassen deine Augen tränen. Die Nixen beginnen zu tanzen in den vergossenen Seelentröpfchen. Du wünscht dir die stechende Sonne weg und erzürnst damit die Nixen-Göttin. Sie schickt dir prompt dunkle Wolken. Frost kommt auf. Es wird finster, ein Blizzard zieht herauf. Mit Mühe nur erreichst du die rettende Schutzhütte – und du weißt: Du hast den Nixentanz entweiht.

Am nächsten Tag merkst du, dass die Sonne nicht mehr aufgeht. Du blickst auf die Uhr. Es ist bald Mittag, doch keine einziger Sonnenstrahl scheint durchs Fenster. Es ist stockdunkel da draußen. Gewissensbisse ziehn auf – sie nagen im Gemüt und stechen in der Seele. So also sieht der Zorn der verschmähten Nixen aus. Sie rauben dir das Licht und das Vertrauen. Und es ist unheimlich still da draußen.

Du steigst zum Wirtsraum hinab und siehst Öllampen brennen – wie noch am Abend zuvor. Eine gemischte Handvoll Bergsteiger lächelt dir jedoch entgegen und ergötzt sich an deinem verwirrten Blick.

»Es hat uns zugeschneit«, ruft einer.

»Wir kriegen nix Luft – nur noch durch den rauchigen Kamin«, fügt eine Hübsche bei. Sie ähnelt wirklich deiner Lateinlehrerin – könnte vielleicht ihre Enkelin sein.

»Und mit dem Funk ist auch nix«, verklickert dir ein Dritter.

»Und unsere Handys taugen hier oben gar nix«, sagen zwei bezaubernde Zwillingsschwestern synchron. »Und die beiden Kerle werden bald durch den Kamin ins Nix verschwinden – denn der eine ist der Nikolaus und der andere macht den Knecht Ruprecht.«

Du musterst die komische Bande. Dein Flachmann ist leer – du greifst gar nicht danach. Du raunst rätselnd: »Und ihr drei Mädels seid die Nixen, die ich gestern im Schnee tanzen sah?«

Sie lächeln. »Hat es dir denn nix gefallen?«

Du siehst, wie die Kerle tatsächlich in den Kamin kriechen und nach oben verschwinden.

»Und jetzt?«, fragst du.

»Nix!«, antworten alle drei Nixen auf einmal. »Nixen vernixen Nix im Nix, niemals nix!«

Erst werden wir geprägt, dann ins Leben gepresst

Die Umgebung prägt unseren Werdegang ganz besonders schon im Mutterleib. Daher drei Fragen, die suggerieren könnten, wieso wir zeitlebens auf Schläge und Scheiße gebürstet sind, noch bevor wir ins Leben gepresst werden.

1. Trägt die Mutter das Kind unterm Herzen oder eher zwischen den Därmen?

2. Sind gärende Darmgeräusche die erste Musik für das Ungeborene?

3. Stammt unsere Vorliebe für Trommelgeräusche vom mütterlichen Herzschlag?

Wir wollen's ja so, beschissen zu werden

Schauspieler wurden früher Heuchler genannt, Versteller, Vormacher oder Täuscher. Wie auch immer, ihr Charakter ist nicht aus einem Stück – sie spielen lediglich eine Rolle und dann gleich wieder 'ne andere. Sie weinen, lachen, furzen und rülpsen auf Befehl und für Geld. Dass das Publikum gerade diesen verschlagenen Menschentypus so arg bejubelt, hofiert und Zucker in den Arsch bläst, zeugt von der knetbaren Neigung einer bescheuerten Masse wie deren latentem Verlangen, immer und ewig beschissen werden zu wollen.

Kondom-Löcherstecher

Gott Natur hat den Mann niemals zur Ehetreue geschaffen – und die Frau noch viel weniger. Wir alle sind da, um zu vögeln und zu schwängern, was das Zeugs hält – auf dass die Erde sich mit lauter kleinen Scheißerchen fülle und der Planet größer und größer werde, damit die ›Innere Welt‹ (die Hölle) mehr Schutzschild erhalte. Schaut euch nur die tiefen Erdschichten an, und ihr werdet meiner Meinung sein: Alle Lebewesen wurden nur und nur zum Kacken geboren, auf dass Erde und Stein daraus werde.

Das weiß auch der Papst – darum schickt er überall seine Priester aus, die nix anderes im Sinn haben, als heimlich Löcher in die Kondome zu stechen!

Wir, die ewigen Massenmörder

Wahrhaftig, dieser Planet heißt nur darum ›blauer Planet‹, weil Gott blau gewesen sein muss, als er ihn und seine Wesen erschaffen hatte: Lauter egomanische Kreaturen, die, wenn sie nicht gerade ficken, sich einander töten und gegenseitig auffressen, um dann alles wieder auszuscheißen. Alles nur für'n Arsch!

Und wo auch immer du auf diesem Planeten hintrittst, tötest du kleine Lebewesen und lädst Sünde auf dich – selbst wenn du auf die Knie fällst und um Vergebung flehst, tötest du erneut. So bedenke, die Seele einer Milbe ist nicht minder wert, als die eines Elefanten. Daher lerne fliegen, um in den Lüften glückselig zu werden, und hänge dich beim Schlafen ab wie die Fledermaus – denn als Wandler auf Erden wirst du immer nur ein Massenmörder sein.

Jesse-der-Magier

Zuerst predigte er Wasser, trank aber selber hinterrücks Wein. Und als seine Groupies ihn dabei ertappten, rief er: »Wunder über Wunder – ich habe grad himmlische Macht erhalten; denn siehe, ich kann urplötzlich Wein aus Wasser machen. Jetzt bin ich Jesse, der Magier.«

Einem anderen Penner, der da ebenso faul herumlungerte, machte er Beine, indem er schimpfte: »Geh und sieh zu, dass'd Land gewinnst – ich war zuerst da!«
Später erzählte man sich: Jesse, der Zuerst-da-gewesene, hätte einen Beinlosen derartig intensiv gesegnet, dass der plötzlich gehen konnte und später sogar zu viel Landbesitz kam.

Auch einem Verklärten öffnete er die Augen, indem er ihm verriet: »Deine Frau hat gar keine Migräne – die vögelt nur mit einem anderen, der's besser kann als du.«
Danach erzählte man sich, Jesse hätte einen Blinden sehend gemacht.

Und die Frau des Verklärten vögelte Jesse derartig gut, dass sie immer »Oh Gott, oh Gott, oh Gott« stöhnte und später kundtat: »Ich lege Zeugnis ab, Jesse-der-Magier hat mir den wahrhaftigen Himmel gezeigt!«

So kam es, dass ab da immer mehr Frauen zu Jesse pilgerten, um mittels Vögeln den Himmel erklärt zu bekommen. Später aber hieß es, Jesse konnte sogar mit Vögeln sprechen.

Einem sehr stillen und abwesend erscheinenden Manne klimperte Jesse einen ganzen Tage lang – während einer Seeüberfahrt – die Birne derartig voll mit seinem schrägen Harfengesang, dass der Stille letztendlich wütend aufschrie und sich schimpfend mit Jesse über Bord warf.

Danach hieß es: Jesse habe einen Taubstummen das Hören und Reden geschenkt – und ihn anschließend im Wasser getauft.

Und weil sich Jesse danach selbstrettend auf die Schultern dieses Mannes stellte, schien es, als könne er sogar übers Wasser laufen.

Von da an strömten die Menschen von überall her und erkannten in Jesse den neuen David Copperfield.

Atypisch weiblich

Zwei Dinge haben der Frau die Welteroberung möglich gemacht: der Tampax und der Computer.

Dank des Tampax kann sie jetzt immer mitlaufen, springen, schwimmen, reiten und überall mit dabei sein. Und der Computer macht es möglich, dass frau heute per Knopfdruck komplizierte Produkte herstellt und den Mann dank Einparkhilfe jetzt nicht einmal mehr zum Einparken braucht.

Was uns Kerle noch trösten dürfte, ist der Verbleib des männlichen Artikels ›der‹ (*der* Tampax, *der* Computer). Aber da ich bin mir sicher, bald wird es auch Artikel-Feministinnen geben, die den maskulinen Artikel ›der‹ für atypisch Weibliches verbieten lassen werden. Dann wird es sogar im Singular heißen: die Tampax, die BH, die Schlüpfer, die Kitzler, die Ehemann, etc.

Hypnose

Ich selber werde bald eine Kurzgeschichte schreiben, deren Prämisse ungefähr so klingen dürfte:

Der Ober-Macho und die Ultra-Feministin – diese beiden Extreme des sexistischen Daseins werden hypnotisiert und zusammengeführt, sodass sie sich Hals über Kopf ineinander verlieben und bald heiraten. Und gleich nach der Hochzeitsreise werden sie aus der Hypnose geweckt.

Epilog

Da soll noch einer sagen, die Deutschen hätten nichts gelernt aus dem Kriege führen des letzten Jahrhunderts – denn sehet: Während sich überall auf der Welt die Völker mit Raketen und Kanonen beschießen, streitet der gewandelte Deutsche nur noch darüber, ob ein Mann einer Frau auf die Möpse schauen darf oder nicht.

1. Auflage 2015 © John Asht

Alle Rechte vorbehalten. Unbefugte Nutzungen, wie etwa
Vervielfältigung, Verbreitung, Speicherung oder Übertragung
können zivil- oder strafrechtlich verfolgt werden.

Herstellung und Verlag: BoD - Books on Demand, Norderstedt

Covergestaltung: C. Grünauge

Coverabbildung: fotolia

Autorenfoto: privat

ISBN 978-3-734798849